Jörg Knoll

Lern- und Bildungsberatung

Perspektive Praxis

Eine Buchreihe des Deutschen Instituts für Erwachsenenbildung (DIE)

Die grüne Reihe des DIE stellt Fachkräften in der Erwachsenenbildung bewährtes Handlungswissen, aktuelle Themen, innovative Methoden und neue Arbeitsfelder vor. Die Bände sind aus der Perspektive des Handlungsfelds konzipiert und vermitteln verwendungsbezogenes Wissen und Handlungssicherheit in Problem- und Entscheidungssituationen. Ziel ist es, die professionell Handelnden in der Praxis zu fördern und zu unterstützen und so zur Kompetenz- und Qualitätsentwicklung beizutragen.

Wissenschaftliche Betreuung der Reihe am DIE:
Dr. Thomas Jung

Zuletzt in der Reihe Perspektive Praxis erschienene Titel:

Beate Braun, Janine Hengst,
Ingmar Petersohn
Existenzgründung in der Weiterbildung
Bielefeld 2008, ISBN 978-3-7639-1959-8

Horst Siebert
Methoden für die Bildungsarbeit
3. akt. und überarbeitete Auflage,
Bielefeld 2008, ISBN 978-3-7639-1957-4

Klaus Pehl
Strategische Nutzung statistischer Weiterbildungsdaten
Bielefeld 2007, ISBN 978-3-7639-1925-3

Wolf-Peter Szepansky
Souverän Seminare leiten
Bielefeld 2006, ISBN 978-3-7639-1935-2

Matilde Grünhage-Monetti (Hrsg.)
Interkulturelle Kompetenz in der Zuwanderungsgesellschaft
mit CD-ROM
Bielefeld 2006, ISBN 978-3-7639-1920-8

Stephan Dietrich, Monika Herr
Support für Neue Lehr- und Lernkulturen
mit DVD
Bielefeld 2005, ISBN 978-3-7639-1916-1

Heidemarie Kullmann, Eva Seidel
Lernen und Gedächtnis im Erwachsenenalter
2. akt. und überarbeitete Auflage,
Bielefeld 2005, ISBN 978-3-7639-1915-4

Hannelore Bastian, Ekkehard Nuissl,
Klaus Meisel, Antje von Rein
Kursleitung an Volkshochschulen
2. akt. und überarbeitete Auflage,
Bielefeld 2004, ISBN 978-3-7639-1895-9

Weitere Informationen zu dieser Reihe unter
www.die-bonn.de/pp

Bestellungen unter
www.wbv.de

Perspektive Praxis

Jörg Knoll

Lern- und Bildungsberatung

Professionell beraten in der Weiterbildung

wbv DIE

Herausgebende Institution
Das Deutsche Institut für Erwachsenenbildung (DIE) ist eine Einrichtung der Leibniz-Gemeinschaft und wird von Bund und Ländern gemeinsam gefördert.
Das DIE vermittelt zwischen Wissenschaft und Praxis der Erwachsenenbildung und unterstützt sie durch Serviceleistungen.

Lektorat: Dr. Thomas Jung/Christiane Barth

Wie gefällt Ihnen diese Veröffentlichung? Wenn Sie möchten, können Sie dem DIE unter **www.die-bonn.de** ein **Feedback** zukommen lassen. Geben Sie einfach den **Webkey 43/0033** ein. Von Ihrer Einschätzung profitieren künftige Interessent/inn/en.

Bibliografische Information Der Deutschen Nationalbibliothek
Die Deutsche Nationalbibliothek verzeichnet diese Publikation in der Deutschen Nationalbibliografie; detaillierte bibliografische Daten sind im Internet über <http://dnb.d-nb.de> abrufbar.

Verlag:
W. Bertelsmann Verlag GmbH & Co. KG
Postfach 10 06 33
33506 Bielefeld
Telefon: (0521) 9 11 01-11
Telefax: (0521) 9 11 01-19
E-Mail: service@wbv.de
Internet: www.wbv.de

Bestell-Nr.: 43/0033

Satz: Grafisches Büro Horst Engels, Bad Vilbel
Herstellung: W. Bertelsmann Verlag, Bielefeld
ISBN 978-3-7639-1956-7

Inhalt

Vorbemerkungen **7**

1. Einführung und Ziele – Eine Einladung zur Reflexivität **9**

2. Zum Verständnis von Beratung in der Erwachsenenbildung – Ein Ermöglichungshandeln **19**

2.1 Differenzierung von Handlungsformen **19**
2.2 Situationen mit Beratungscharakter **24**
2.3 Beratung als Beziehungsgeschehen und Begleitdimension der pädagogisch-didaktischen Arbeit **27**

3. Handlungsnotwendigkeiten und Gestaltungsformen – Nahe am Prozess **33**

3.1 Die Richtung klären – Ziele und Struktur **33**
3.2 Den Möglichkeitsraum fördern – Interventionen **40**
3.2.1 Von der Vielfalt der Möglichkeiten zur Intervention **40**
3.2.2 Leitende Orientierungen **41**
3.2.3 Standard-Interventionen **44**
3.2.4 Komplexe Interventionen **47**
3.3 Die Wahrnehmung stärken – Feedback **50**
3.3.1 Zum Begriffsverständnis **50**
3.3.2 Die Struktur von Feedback **51**
3.3.3 Zur Begründung dieser Struktur **52**
3.3.4 Die Chancen von Feedback **53**
3.4 Beratung auf sich selbst anwenden – Kollegialer Austausch, Kollegiale Beratung und Praxisberatung in der Gruppe **54**
3.4.1 Kollegialer Austausch **54**
3.4.2 Kollegiale Beratung **55**
3.4.3 Praxisberatung in der Gruppe **57**

4. Therapie und Beratung – Auf getrennten Wegen in einem Boot **65**

4.1 Zur Notwendigkeit der Verhältnisbestimmung zwischen Therapie und Beratung **67**
4.2 Zusammenhänge zwischen Beratung und Therapie **68**
4.3 Unterschiede zwischen Beratung und Therapie **70**

5. Hintergrundmodelle für die Bildungsberatung – Hilfe zur Verortung und Anregungen zum Handeln 72
5.1 Kräftespiel der Seele – Das psychoanalytische Hintergrundmodell 74
5.1.1 Die Psychoanalyse nach Sigmund Freud 74
5.1.2 Weiterentwicklungen und Abkömmlinge der Psychoanalyse 82
5.2 Hilfe zur Selbsthilfe – Das Hintergrundmodell der Gesprächspsychotherapie 87
5.3 Freiheit für Neues – Das Hintergrundmodell der systemischen Therapie 89
5.4 Änderung durch Lernen – Das verhaltenstherapeutische Hintergrundmodell 93
5.5 Wiederbelebung von Vergangenem – Übertragung und Gegenübertragung 94
5.5.1 Zum Begriffsverständnis 95
5.5.2 Das Zustandekommen von Übertragung 98
5.5.3 Übertragung und Gegenübertragung im Kontext von Beratung 99

6. Lernberatung – Biographie und aktuelle Situation 101
6.1 Lernen im Lebenslauf – Ansatz für Beratung 101
6.2 Selbstwahrnehmung und Gruppengespräche – Praktische Hilfen 102
6.2.1 Lernbiogramm 102
6.2.2 Anamnestische Fragestellung 103
6.2.3 Lerntagebuch 104
6.2.4 Lernweg 105
6.2.5 Lebenslinie 105
6.2.6 Gruppendiskussion 106
6.2.7 ProfilPASS 108

7. Professionalität und Professionalisierung: Kompetenz – Profil – Anerkennung 109
7.1 Kompetenzen für Beratungshandeln 109
7.2 Kompetenzentwicklung und Profilbildung 111

8. Zum Schluss – Zurück zum Anfang 118

Glossar 120
Web-Links 125
Literatur 127
Autor 131

Vorbemerkungen

Beratung in der Weiterbildung ist kein neues Thema. Jörg Knoll weist in der hier vorgelegten Publikation darauf hin, dass Beratung bereits in den 1960er Jahren als unverzichtbare Dimension von Erwachsenenbildung gesehen wurde. Die Betonung der Bedeutung von Beratung blieb allerdings weitgehend Postulat. In der Praxis führte sie eher ein Schattendasein, sieht man einmal von der kurzen Phase in den 1980er Jahren ab, in denen kommunale Weiterbildungsberatungen etabliert wurden und bei der nächsten Haushaltskrise wieder abgeschafft wurden. Hier scheint sich ein Umschwung anzubahnen.

Es setzt sich die Erkenntnis durch, dass Lebenslanges Lernen der Beratung bedarf. Beratung scheint mehr und mehr zur Grundvoraussetzung zu werden, damit die öffentliche Rede vom Lebenslangen Lernen nicht in eine lebenslängliche Anpassungszumutung umschlägt, bei der der/die Einzelne um des Lernens Willen lernt. In der neueren Literatur findet sich eine Fülle von Publikationen, die sich in einem engen oder weiteren Sinn mit Beratung befassen. Aber wie Beratung konkret gestaltet werden kann, wie sie professionellen Charakter erhält, welche reflexiven Anforderungen sie an die Beratenden stellt – all das bleibt meist unterbelichtet oder bewegt sich auf einem Abstraktionsniveau, das den Beratenden in der Praxis wenig Hilfe bietet.

Jörg Knolls Darstellung wird dem Anspruch der Reihe „Perspektive Praxis", die professionell Handelnden in der Praxis zu unterstützen und so zur Kompetenz- und Qualitätsentwicklung beizutragen, auf besondere Weise gerecht. Schon das Anfangskapitel macht deutlich, dass der Band sich nicht zum Konsumieren eignet – er fordert vielmehr zum reflexiven Arbeiten heraus. Der Leseprozess wird durch eine Vielzahl klug aufgebauter Zwischenbilanzierungen und Reflexionsanregungen entschleunigt, die es den Beratenden ermöglichen, ihre Beratungstätigkeit kritisch zu hinterfragen und auf der Reflexion des eigenen Tuns zu neuen Erkenntnissen zu gelangen.

Bereits in der Formulierung der Lernziele wird offenkundig, dass hier einer schreibt, der nicht nur über Beratung gelesen, geforscht oder gelehrt hat. Jörg Knoll verfügt offensichtlich über eine Fülle von Beratungspraxis, die es ihm ermöglicht, auf all die Tücken und Herausforderungen in ganz unterschiedlichen Beratungskontexten differenziert einzugehen.

Besonders bemerkenswert sind seine fundierten Ausführungen zur Verhältnisbestimmung zwischen Therapie und Beratung, weil er damit differenziert ein Feld bearbeitet, das in der alltäglichen Beratungspraxis immer virulent ist und in dem die bisher dominante, harte Grenzziehung zwischen Beratung und Therapie wenig hilfreich für die Beratungspraxis war.

Wenn Beratung und Therapie nicht mehr als Gegensatzpaare konstruiert werden, sondern als Geschwister (wenn auch nicht als Zwillinge), wird diese Auseinandersetzung, die er insbesondere mit den Hintergrundmodellen der Psychoanalyse führt, anregend und konstruktiv für die Beratungspraxis nutzbar.

Die ausführliche Darstellung verschiedener für die Beratung nützlicher Instrumente rundet den Band ab. Knoll hat hier einen Beitrag vorgelegt, der sein Verständnis von Wissenschaft sichtbar macht: eine Wissenschaft, die für die Praxis relevantes Wissen schafft, ohne dabei in die Niederungen eines Ratgebers abzugleiten. Wäre die Formulierung nicht so vernutzt, könnte man sagen: ein Buch, das den Leser fordert und fördert.

Es ist zu hoffen, dass diese Publikation auch einen Beitrag leistet, einer in der Praxis beobachtbaren, fatalen Tendenz entgegenzuwirken: Beratung wird von den pädagogisch Tätigen immer noch zu häufig als nicht fakturierbare Leistung erwartet, die quasi nebenher zu erbringen ist. Knoll macht deutlich, dass eine professionelle Beratung nicht nur Zeit braucht, sondern eine Leistung darstellt, die mindestens so gewichtet werden sollte wie die lehrenden oder planenden Tätigkeiten.

Gerhard Reutter
Deutsches Institut für Erwachsenenbildung

1. Einführung und Ziele – Eine Einladung zur Reflexivität

„...dass sich innerhalb der Erwachsenenbildung
in Zukunft mehr und mehr die Beratung als
besondere Form der Bildung *durchsetzen wird."*
Franz Pöggeler 1964

Mir liegt viel daran, dass Sie als Leserin und Leser mit Ihren eigenen Erfahrungen und Einfällen das Thema Bildungsberatung im Rahmen der Lektüre aktiv mitgestalten. Es wäre schön, wenn Sie und der vorliegende Text in einen lebendigen Austausch miteinander träten und sich dabei ansatzweise etwas von dem widerspiegelt, was für Beratung kennzeichnend ist: die Wechselbeziehung zwischen der eigenen Person und einem Gegenüber. Daher möchte ich Ihnen zu Beginn einige Situationen aus der Beratungspraxis mit auf den Weg geben. Es handelt sich dabei um beispielhafte Erfahrungen sowohl aus meiner eigenen Beratungstätigkeit wie auch aus der Fortbildung mit Kolleginnen und Kollegen in diesem Bereich. In einem weiteren Fall entstammt das hier zitierte Beispiel einer wissenschaftlichen Untersuchung.

Ich werde Sie im Folgenden immer wieder einmal darum bitten, dass Sie reagieren, etwas formulieren und aufschreiben. Deshalb finde ich es nur recht und billig, dass auch ich mich persönlicher einbringe, als dies in der sonst meist auf Objektivität bedachten Wissenschaft üblich sein mag. In diesem Sinne nun zu den Situationen. Zur Einstimmung möchte ich Ihnen, liebe Leserin und lieber Leser, vier Situationen aus dem Erwachsenenbildungsleben mit auf den Weg geben. Auf diese Situationen werde ich im weiteren Verlauf immer wieder Bezug nehmen; dies wird im Text durch einen Verweispfeil auf die jeweilige → Situation gekennzeichnet sein.

Situation 1
Am Ende des Abendkurses „Spanisch für Fortgeschrittene" in einer großen Volkshochschule. Der Raum ist leer. Die Kursleiterin rückt die Stühle und Tische wieder gerade, die durch die Gruppenarbeit außer Reih' und Glied gekommen sind, und sortiert ihre Arbeitsmaterialien. Sie mag diesen Augenblick der Ruhe, wenn alle weg sind und im Ordnen der Dinge ein Stück innerer Verarbeitung

geschieht. Da geht die Tür wieder auf. Ein Teilnehmer ist zurückgekommen: „Haben Sie noch fünf Minuten für mich?" Sie hält inne: „Ja." „Also wissen Sie, ich komme hier im Kurs immer ganz gut zurecht. Auch das mit dem Lesen der Zeitschrift klappt. Aber wenn ich mit Leuten ganz real Spanisch reden soll, dann fühle ich mich blockiert. Da fällt mir nichts mehr ein. Mir graust es schon vor dem nächsten Besuch der Südamerikaner in unserem Institut..."

Situation 2

Es ist Mittagspause bei einem Lehrgang zur beruflichen Weiterbildung im dritten von insgesamt sechs Drei-Tages-Blöcken. Voraussetzung für das Zertifikat ist neben der regelmäßigen Teilnahme und der Erledigung einer Reihe von Selbststudien-Aufgaben, deren Ergebnisse in die Blöcke eingebracht werden, auch eine schriftliche Arbeit sowie ein Gespräch hierüber mit der Lehrgangsleitung im Abschlusskolloquium. Eine Teilnehmerin hat den Leiter um ein Gespräch gebeten. Sie habe nämlich große Probleme. Er schlägt ihr vor, dass sie einen kleinen Spaziergang um den Block machen, auch um ein bisschen frische Luft zu schnappen. Während beide loslaufen, schaut sie zu Boden und beginnt etwas stockend zu sprechen: „Es fällt mir ziemlich schwer, Sie darauf anzusprechen. Ich habe mir auch schon überlegt, ob ich ganz aussteige. Aber mir gefällt das Ganze, wie hier gearbeitet wird und auch die Leute und das Team. Außerdem bringt es mir sehr viel!" Sie schaut auf: „Ich kriege hier so viel mit! Mir fallen immer wieder Sachen aus meiner Arbeit ein, die mir plötzlich klar werden. Ich hab' auch schon manches umgesetzt."
Beide gehen schweigend weiter.
Nach einer Weile sagt der Kursleiter: „...aber?"
Darauf antwortet sie: „Ja eben, aber... Aber das Kolloquium..."
Wieder Pause.
„Das Kolloquium?"
„Ja, das Abschlusskolloquium. Ich kriege das nicht hin. Ich habe so viel im Kopf! Wir sind auch eine gute Kolloquiumsgruppe. Aber wenn ich mir das vorstelle, kriege ich Panik. Es ist ja doch so eine Art Prüfung, auch wenn wir zu dritt da reingehen. Das war auch schon früher in der Ausbildung mein größtes Problem. Wenn ich in der Prüfung war, fiel mir nichts mehr ein. Mündlich, das betrifft nur das Mündliche, schriftlich geht es. Aber mündlich..." Sie atmet tief. „Ich möchte den Lehrgang unbedingt abschließen. Aber ich kann am Kolloquium nicht teilnehmen. Kann ich trotzdem irgendwie das Zertifikat bekommen?"

Situation 3
Beim vereinbarten Treffen in einer Einrichtung der beruflichen und allgemeinen Weiterbildung. Die Besucherin hatte um einen Termin bei einer ihr bekannten Mitarbeiterin gebeten. Begründung: Sie möchte endlich mal klar Schiff machen und klären, was sie beruflich und bildungsmäßig will. Sie berichtet, dass sie früher eine Fachschulausbildung zur Krippenpflegerin absolviert und in den letzten Jahren der DDR auch eine Zeit lang in diesem Beruf gearbeitet hat. Ihre berufliche Ausbildung zur Krippenerzieherin werde nach bundesdeutschem Recht nur mit einer erneuten staatlichen Prüfung anerkannt. Diese Prüfung hat sie nicht abgelegt. Sie hat deshalb genau genommen keinen beruflichen Abschluss. Nach der Wende hielt sie sich durch verschiedene Aushilfstätigkeiten und zwischendurch auch durch Arbeitsbeschaffungsmaßnahmen über Wasser. Aus der Mitarbeit in einem Foto- und Werbestudio ist eine freiberufliche Projektarbeit erwachsen. Davon lebt sie gegenwärtig. Sie unternahm in den vergangenen Jahren viele Versuche, ein Studium im Bereich graphische Gestaltung zu beginnen. Diese Versuche schlugen jedoch alle fehl. Sie habe nun die Sorge, dass ihre Möglichkeiten immer geringer werden.
Andererseits: „Ich bin so ein Mensch, der immer das Gefühl hat, dass er gern noch was machen möchte. Ich bin sehr neugierig von Natur aus und habe immer das Gefühl, noch ein bisschen was tun zu müssen, sei es Weiterbildung, Ausbildung oder irgendwie Erkenntniszuwachs, so dass man das Gefühl hat: O.k., man lernt noch etwas dazu. Das ist so die Kraft, die mich treibt."
Darauf die Mitarbeiterin: „Das ist doch prima. Wo liegt denn da die Schwierigkeit?"
„Na ja, ich habe nie was zu Ende gemacht, obwohl mir das schon immer wichtig war. Zumindest ein Ding zu haben und zu sagen: Du hast eine Ausbildung gemacht und irgendwas hast du mal zu Ende geführt. Und nicht immer nur alles angefangen."

Situation 4
Bei dem pädagogischen Mitarbeiter klingelt das Telefon. Ein Kursleiter ruft an. Er hat den ersten Samstagvormittag eines vierteiligen Rhetorik-Kurses mit Video-Feedback vor sich und möchte wissen, ob er „steil einsteigen" kann, also mit ersten Sätzen der Teilnehmenden, die sofort aufgezeichnet und dann angeschaut werden, wobei diese Sichtung mit einem Gespräch verbunden wird unter dem Motto „Was hat es ausgelöst, sich selbst zu sehen?", oder ob er doch lieber einiges vorschalten soll, z.B. etwas zur Geschichte der Rhetorik oder ein paar Grundsätze zu Kommunikation und zum Verstehen.
Der pädagogische Mitarbeiter denkt kurze Zeit nach.

Zunächst einmal möchte ich Sie bitten, Ihr Empfinden ganz allgemein in Worte zu fassen und im Folgenden zu notieren. Sie können sich natürlich auch Notizen auf einem separaten Blatt Papier machen, das Sie aber später wieder zur Hand haben sollten.

Was lösen die genannten Situationen insgesamt in Ihnen aus?

Nun werfen Sie bitte nochmals einen Blick auf die einzelnen Situationen und notieren bitte ihre spontanen, ganz subjektiven Reaktionen auf die jeweilige Situation.

Situation 1
„Mir graust es schon vor dem nächsten Besuch der Südamerikaner in unserem Institut...“

Situation 2
„...ich kann am Kolloquium nicht teilnehmen. Kann ich trotzdem irgendwie das Zertifikat bekommen?“

Situation 3
„...nicht immer nur alles anfangen..."

Situation 4
„Steil einsteigen" oder etwas vorschalten?

Abschließend bitte ich Sie an dieser Stelle um eine erste kleine Bilanz. Gehen Sie nochmals Ihre Reaktionen durch und beschreiben Sie, was Ihnen auffällt.

Aus diesen Wahrnehmungen bitte ich Sie nun, eine Frage abzuleiten, die Sie bewegt und die Sie mit in die Lektüre dieses Buches nehmen möchten. Notieren Sie bitte eine solche Frage – wir werden am Schluss auf sie zurückkommen.

Die hier vorgestellten Situationen machen deutlich, dass es im Alltag der pädagogischen Arbeit und insbesondere der Erwachsenen- bzw. Weiterbildung sehr häufig Momente gibt, in denen es darum geht, auf persönliche Situationen, Fragen und manchmal auch Probleme in einer Weise zu reagieren, die Ihrem Gegenüber ganz individuell hilft, etwas zu klären und vielleicht sogar zu bewältigen. Diese Handlungsform wird als „Beratung" bezeichnet. Sie stellt eine Begleitdimension der praktischen Arbeit in allen pädagogischen Handlungsfeldern, insbesondere auch in der Erwachsenen- bzw. Weiterbildung, dar. Von daher rührt die Bezeichnung „Beratung" in der Erwachsenen- bzw. Weiterbildung.

Die Bezeichnung „Bildungsberatung" verweist auf einen größeren Zusammenhang, dem die Beratung in der Erwachsenen- bzw. Weiterbildung stellenweise benachbart und stellenweise auch zugeordnet ist. Als solche benachbarten Felder kommen die entsprechenden Angebote und Aktivitäten, z.B. der Agenturen für Arbeit, der Kammern, der Hochschulen und zunehmend auch der Schulen, der (Berufs-)Verbände, in den Blick.

Die Erscheinungsformen von Beratung sind vielfältig. Sie sind verwoben in die unterrichtliche, pädagogisch-didaktische Arbeit und dort weniger (→ Situation 1) oder mehr (→ Situation 2) ausgeprägt. Sie können organisatorisch, möglicherweise sogar institutionell ausdifferenziert sein (→ Situation 3). Sie können sich auf Teilnehmende beziehen (→ Situation 1 bis 3) oder sich auf der kollegialen Ebene abspielen (→ Situation 4). Variationen richten sich außerdem nach Anlass, Inhalt, Dauer, Konzeption der Einrichtung und natürlich nach den persönlichen Orientierungen und Fähigkeiten, die der Mitarbeiter bzw. die Mitarbeiterin hier einbringt.

Angesichts dieser Vielfalt ist es verständlich, dass Beratung schon früh als Teil des erwachsenenbildnerischen Handelns gesehen worden ist. Franz Pöggeler hat bereits vor mehreren Jahrzehnten in seinem Buch „Methoden der Erwachsenenbildung" der Bildungsberatung ein ganzes Kapitel gewidmet und darin die Wechselbeziehung zwischen Beratung und Bildung sowie die Übergänge zwischen Bildungs- und Lebensberatung herausgearbeitet (Pöggeler 1964, S. 47–62). Dementsprechend wird sie schon seit Längerem standardmäßig als Dimension von Erwachsenen- bzw. Weiterbildung dargestellt (vgl. Krüger 1980 und 1984). Dies entspricht der Positionierung von Beratung als eines der Elemente der praktischen Bildungsarbeit, ja des Bildungswesens überhaupt. So heißt es im „Strukturplan für das Bildungswesen" von 1970 bereits ausdrücklich: „Bildungsberatung ist ein Strukturelement des Bildungswesens" (Deutscher Bildungsrat 1970, S. 91).

Die Auffassung, dass Beratung ein selbstverständliches Element des erwachsenenbildnerischen Handelns ist, blieb seither erhalten. Allerdings hat sich die Akzentsetzung verschoben. In neuerer Zeit hat Bildungsberatung (wieder) Konjunktur. Um diesen Vorgang zu verdeutlichen, werden im Folgenden die Begriffe „Akzentuierung" (im Sinne von Betonung, Hervorhebung) und „Differenzierung" (im Sinne von Verbreiterung, auch Spezialisierung) genutzt.

Die Akzentuierung rührt daher, dass in der Sicht von Bildung und Lernen zunehmend der Lebenslauf der Menschen wichtig geworden ist. Damit kommen die Übergänge, Schwellen und Veränderungen in den Blick, die es im Lauf des Lebens zu bewältigen gilt. Daraus wiederum erwächst die Frage nach angemessenen Unterstützungsformen für diese Bewältigung. Dieses Konzept vom Lebenslangen Lernen gewinnt seine Dynamik aus wirtschaftspolitischen Positionen, die im fortdauernden Lernen und in dessen Förderung auch durch Bildungsberatung einen wichtigen Beitrag zur Sicherung der Existenz sehen. Das betrifft die einzelne Person, die Gesellschaft als ganze, aber auch den Staat im internationalen Wettbewerb. Eines der jüngsten Beispiele für die Akzentzierung findet sich in den „Empfehlungen des Innovationskreises Weiterbildung für eine Strategie zur Gestaltung des Lernens im Lebenslauf" (BMBF 2008a), wonach im Blick auf das Lernen im Lebenslauf ein „quantitativ ausreichendes und qualitativ hochwertiges Beratungsangebot sicherzustellen (ist), das alle Zielgruppen, insbesondere die bisher nicht erreichten, in Anspruch nehmen können". Hierzu „bedarf es eines integrativen und alle Phasen des Lernen umfassenden Systems der Bildungsberatung, die auch die Berufsberatung umfasst" (ebd., S. 17, im Orig. fett). Ähnlich verweist die am 23. April 2008 von der Bundesregierung verabschiedete Konzeption für das Lernen im Lebenslauf auf die besondere Wichtigkeit einer „an der Berufs- und Arbeitsbiographie und der Lebens- und Lernsituation der Menschen orientierten Bildungsberatung und entsprechende Lernangebote. Das schließt eine konsequente Einbeziehung der vielfältigen informellen Lernprozesse außerhalb von Bildungsinstitutionen ein" (BMBF 2008b, S. 2).

> Bildungsberatung ist ein zentrales Element für erfolgreiches Lernen im Lebenslauf. Der Ausbau und die Weitentwicklung der Bildungsberatung, eine verbesserte Transparenz der Angebote und die Professionalisierung des in der Bildungsberatung beschäftigten Personals sind deshalb erforderlich (ebd., S. 3).

Die Leitidee, Bildungsberatung in einem umfassenden Sinn zu stärken, hat ihre institutionelle Entsprechung in der 2004 erfolgten Gründung eines Netzwerks für Qualität und Weiterentwicklung der Beratung in Deutschland: das „Nationale Forum für Beratung in Bildung, Beruf und Beschäftigung" (siehe Weblinks). Eingebettet sind diese Akzentuierungen in eine Entwicklung auf europäischer Ebene, in der lebenslanges bzw. lebensbegleitendes Lernen und Bildungsberatung schon seit Längerem eng miteinander verknüpft werden. Als Beispiel hierfür sei die Entschließung des Rates der Europäischen Union zum Lebensbegleitenden Lernen vom 27. Juni 2002 genannt, wonach „Beratung und Orientierung über Möglichkeiten des lebensbegleitenden Lernens und ihre Vorteile" Vorrang haben soll (Rat der Europäischen Union 2002; siehe auch Weblinks).

„Differenzierung" bedeutet, dass Beratung zwar ein Element und insofern ein eigenes Handlungsfeld darstellt, dass sich aber innerhalb dieses Feldes verschiedene Bereiche mit jeweils eigener Ausrichtung, eigenen Herausforderungen und auch eigenen Arbeitsformen herausgebildet haben, z.B. Lernberatung (vgl. Pätzold 2004), Beratung in der Schule (vgl. Schwarzer/Posse 2005), Laufbahnberatung (vgl. Lang-von Wins/Triebel 2006), Bildungsberatung und Kompetenzentwicklung (vgl. Herbrich/Jurkeit 2004 und Fellermayer/Kramer 2008) oder kollegiale Unterstützung im beruflichen Handeln (vgl. Mutzeck/Schlee 2008). Diese Teilbereiche von Beratung in der Erwachsenenbildung werden hier zunächst nur genannt, um einen Eindruck davon zu vermitteln, was mit Differenzierung gemeint ist. Damit verbindet sich allerdings auch eine Schattenseite, nämlich eine gewisse Unübersichtlichkeit oder gar Intransparenz. Die so genannte Ramboll-Studie (BMBF 2007) hat das deutlich heraus gearbeitet: „Die Beratungslandschaft als Ganzes betrachtet ist heterogen und an vielen Stellen unübersichtlich" (ebd., S. 329). Das ist der Hintergrund für die im vorigen Abschnitt zitierte Forderung nach mehr Transparenz, die letztlich den Personen mit Beratungswünschen und -bedarfen entgegenkommt.

Das Themenfeld Bildungsberatung in der Erwachsenenbildung eröffnet also ein weites Spektrum von Fragestellungen, Konzepten und Handlungsformen, aber auch von (bildungs-)politischen Prozessen und Positionen sowie bereits vorliegenden Veröffentlichungen. All dies abbilden zu wollen, würde auf eine immense Fülle von Informationen hinauslaufen. In der Konsequenz zwingt das zu einer bewussten Auswahl. Dieses Buch legt den Schwerpunkt auf Beratung in der Erwachsenen- bzw. Weiterbildung, wobei allerdings viele Aspekte, z.B. das Grundverständnis von Beratung oder die Handlungsnotwendigkeiten und Gestaltungsformen, auch auf Nachbarbereiche zutreffen. Und es rückt einige Querschnittsthemen ins Zentrum. Sie sind als Brennpunkte zu verstehen, die für das praktische Handeln in möglichst vielen Teilbereichen von Beratung in der Erwachsenenbildung bedeutsam sind und bei denen sich zugleich das Reflektieren lohnt.

Lernziele

Der Begriff „Lernziel" wird im Folgenden in einem strengen Sinne verwendet. Er ist zu verstehen aus der Sicht derjenigen, die dieses Buch nutzen, und ist formuliert als Beschreibung jenes Zustandes, der nach Abschluss der Lektüre und des damit einhergehenden Arbeitsprozesses, also als Ergebnis des Lernens erreicht sein möge. Dies gilt im Unterschied zu einem Lehrziel, das ausdrückt, was die Absicht des oder der Lehrenden ist, was er/sie weiter geben möchte.

Haben Sie dieses Buch durchgearbeitet, dann kennen Sie...
- das hier vorgestellte Grundverständnis von Beratung in der Erwachsenenbildung;
- Handlungsnotwendigkeiten und Gestaltungsformen für die Praxis von Beratung in der Erwachsenenbildung;
- eine Verhältnisbestimmung zwischen Beratung und Therapie;
- Hintergrundmodelle und ihre Bedeutung für das Verständnis von Beratung und das praktische Handeln;
- ausgewählte bildungspolitische Rahmenbedingungen für Beratung in der Erwachsenenbildung;
- Ansatzpunkte und Perspektiven für Professionalität und Professionalisierung;

dann können Sie...
- Beratung in Beziehung zu anderen pädagogischen Handlungsformen setzen, ggf. von ihnen abgrenzen, aber auch Überschneidungsbereiche wahrnehmen;
- sich selbst in Beziehung setzen zu den beraterischen Handlungsnotwendigkeiten und Gestaltungsformen;
- Formen und Hilfsmittel der Selbstreflexion und der Reflexion beraterischer Tätigkeiten einsetzen;
- selbstständig Verbindungen zur Beratung in der Erwachsenenbildung und den eigenen Handlungsmöglichkeiten herstellen, aber auch den (noch) bestehenden Entwicklungsbedarf feststellen.

Die folgenden Kapitel dieses Buches sollen helfen, die genannten Lernziele zu erreichen. Nach dem Einleitungskapitel wird zunächst der Blick nach innen gerichtet. Es geht um auf das Grundverständnis von Bildungsberatung in der Erwachsenenbildung (Kapitel 2) und um die Handlungsnotwendigkeiten und Gestaltungsformen (Kapitel 3). Es folgt ein Blick nach außen. Aus dieser Perspektive wird das Verhältnis zwischen Therapie und Beratung behandelt (Kapitel 4) und es werden ausgewählte, im Hintergrund stehende, psychotherapeutische Modelle skizziert, die für das Verständnis und die Praxis von Beratung bedeutsam sind (Kapitel 5). Außerdem kommt ein ausgewählter Anwendungsbereich von Beratung in der Erwachsenenbildung ins Blickfeld: die Lernberatung (Kapitel 6). Schließlich werden die beiden Perspektiven miteinander verknüpft. Dies geschieht in Kapitel 7 zu Professionalität und Professionalisierung, bevor im abschließenden Kapitel 8 wieder ein persönlicher Bezug hergestellt wird.

Ein etwas anderes Bild ergibt sich, wenn – abweichend von der systematischen Kapitelreihenfolge – die zentralen Themen hervorgehoben werden. In diesem Sinne legt dieses Buch den Schwerpunkt auf den Kern von Beratung in der Erwachsenen- bzw. Weiterbildung, das als ein Beziehungsgeschehen verstanden wird. Es widmet sich den Herausforderungen, Handlungsnotwendigkeiten und Gestaltungsmöglichkeiten, die sich mit Beratung als Beziehungsgeschehen verbinden. Ergänzend werden Hintergrundmodelle skizziert, auf die sich Beratung bezieht oder die für sie anregend sind. Außerdem geht es um Aussagen zur Stärkung der Kenntnisse und Fähigkeiten jener Personen, die beraterisch tätig sind (Professionalität und Professionalisierung). Einbezogen werden auch Aspekte von Beratung in der Erwachsenenbildung, die nicht von vornherein im Blick sind, nämlich die beraterische Dimension im pädagogisch-didaktischen Handeln (in Kursen, Lehrgängen, Seminaren usw.) und als Reflexionshilfe für die Handelnden selbst. Benachbarte Tätigkeitsfelder werden gelegentlich im Hinweis auf Anschlussmöglichkeiten erkennbar. Dies möge als Anregung zur individuellen Weiterarbeit dienen.

Anregungen zur Reflexion

Überprüfen Sie bitte die oben genannten Lernziele im Hinblick auf deren Relevanz für Ihre eigene Tätigkeit und markieren Sie auf eine möglichst einfache Weise Ihre Reaktion.

Nutzen Sie beispielsweise folgende Zeichen:
+ … „finde ich sinnvoll"
! … „habe ich Schwierigkeiten"
? … „verstehe ich nicht"

Ergänzen Sie mindestens ein weiteres Lernziel, das Sie sozusagen als „persönliches Programm" in Ihre Lektürearbeit einbringen. Es können auch Lernziele sein, die nicht unmittelbar etwas mit dem Thema zu tun haben. Hierfür finden Sie eventuell eine Anregung in Ihren Notizen vom Anfang zur „Bilanz" und „Begleitung der Lektüre".

2. Zum Verständnis von Beratung in der Erwachsenenbildung – Ein Ermöglichungshandeln

2.1 Differenzierung von Handlungsformen

Das Wort „Beratung" wird oft in einem sehr umfassenden und zugleich direktiven Sinn verwendet. Diese alltagssprachliche Bedeutung meint ein Geschehen, in welchem eine Person einer anderen einen Rat gibt: „Mach das so und so..." Er gilt als umso wertvoller, je stärker er hilft und je sachkundiger die Person angesehen wird, die ihn gibt. Diese Praxis hat im Privatleben, im Verein, im Freundes- und Kollegenkreis einen gewissen Sinn. Denn getreu nach dem Motto „Nützt es nichts, so schadet es auch nichts" wird ein Rat, wenn er hilft, angenommen. Und wenn er nicht hilft oder gar ungebeten daherkommt, wird er überhört, ignoriert und verworfen. Das ist das Schöne am „guten Rat" der ungebetenen Art – er bleibt wirkungslos.

Nun ist dieses „Ich-geb'-dir-einen-Rat"-Verständnis auch in der Bildungsarbeit zu finden. Zum einen trifft man ihn wieder bei Teilnehmenden, die etwas für sich haben wollen, und zwar möglichst genau und schnell; zum anderen bei Mitarbeiter/inne/n, die etwas weitergeben möchten, und das möglichst hilfreich und wirksam.

Auf den ersten Blick scheint das in Ordnung zu sein. Auf den zweiten Blick tut sich aber eine gewisse Spannung auf. Bildung und Lernen bedeuten ja prinzipiell, dass ein Mensch Schwierigkeiten bewältigen und Probleme selbst lösen kann, und zwar möglichst auf Dauer und in wechselnden Situationen. Dieses „selbst" wird umso wichtiger, je stärker die Sachverhalte, um die es geht, die eigene Person, ihr Wahrnehmen, Fühlen, Denken und Verhalten betreffen. Damit es wachsen kann, braucht es die Möglichkeit dazu, also gleichsam einen Raum der Entfaltung, auch des Einübens. Das schließt Unterstützung nicht aus, aber es ist eine andere Form als das direktive „Mach es so und so...!" Denn mit diesem verbalen Appell ist ja schon sichtbar, was getan werden soll, ohne dass vorher klar geworden ist, was an Möglichkeiten in der betroffenen Person selbst steckt.

Vor diesem Hintergrund empfiehlt es sich, verschiedene Handlungsformen pädagogischer Unterstützung nicht nur inhaltlich, sondern auch begrifflich zu unterscheiden. So wird das person- und situationsgemäße Handeln erleichtert. Es lässt sich außerdem besser begründen und reflektieren. In diesem Rahmen hat „Beratung" der Sache und dem Begriff nach einen engeren, dafür aber präziseren Bedeutungsgehalt. Zugleich öffnet sich der Blick auf weitere pädagogische Handlungsformen, die ebenfalls notwendig sind und einen wichtigen Platz in der alltäglichen Arbeit einnehmen. In diesem Sinne lassen sich in einem ersten Schritt folgende Begriffe und Handlungsformen voneinander abgrenzen:

Informieren → Information z.B. über Lerntechniken, Lernangebote, Selbstlernmedien, Fördermöglichkeiten;

Anleiten → Anleitung, d.h. Hinweise geben, wie etwas zu tun ist, um ein bestimmtes Ergebnis zu erreichen, z.B. wie ein Förderantrag ausgefüllt oder wie die hauseigene Mediathek genutzt wird;

Beraten → Beratung im eigentlichen, fachlichen Sinne, d.h. Interventionen als Hilfe, damit die betroffene Person durch eigenes Wahrnehmen und Erinnern, durch Nachdenken und Einfälle selbst zu Schlussfolgerungen, Zielvorstellungen, Lösungsideen und Entscheidungen kommt.

Vor diesem Hintergrund wird deutlich, dass manches an Aktivitäten und Angeboten im Alltagsleben zwar „...beratung" heißt (Verbraucherberatung, Steuerberatung, Rechtsberatung, Finanzberatung usw.), dass es dabei aber genau genommen um „Information" geht (z.B. Einspruch gegen einen Bußgeldbescheid bei der Rechtsberatung) oder um „Anleitung" (z.B. Lohnsteuerjahresausgleich bei der Steuerberatung). Dies fördert zugleich den sehr breiten und unscharfen Gebrauch des Wortes „Beratung".

Mit der Benennung der zentralen pädagogischen Handlungsformen „Informieren", „Anleiten" und „Beraten" wird im Zusammenhang mit „Beratung" zugleich eine begriffliche Schwierigkeit deutlich, die manchmal zur Verwirrung führt. Dies betrifft die erweiterte Formulierung „Bildungsberatung". Diese wird einerseits als Oberbegriff verwendet. Sie kennzeichnet damit – ganz in der Tradition des „Strukturplans für das Bildungswesen" – ein durchgängig wichtiges Element bzw. ein Handlungsfeld. Andererseits meint sie mit ihrem Wortbestandteil „Beratung" aber im eigentlichen, fachlichen Sinne auch eine ganz spezifische Form des Handelns, die sich von anderen unterscheidet, die unter dem Dach des gemeinsamen Oberbegriffs benachbart existieren, wie eben Anleiten und Informieren.

In der Alltagspraxis der Erwachsenenbildung können die Tätigkeiten des Informierens, Anleitens und Beratens durchaus einander abwechseln oder ineinander übergehen. Insofern ist es aus pragmatischen Gründen nachvollziehbar, wenn in der Praxis trotz der begrifflichen und sachlich sinnvollen Abgrenzung von Beratung im eigentlichen, fachlichen Sinne (s.o.) die verschiedenen Handlungsformen unter dem Begriff der „Bildungsberatung" zusammengefasst werden. Es muss nur klar sein, dass in dieser übergreifenden Sicht Information und Anleitung mit gemeint sind, die dann auf der Ebene des konkreten professionellen Umgangs mit Personen und Situationen von Beratung im streng-fachlichen Sinn zu unterscheiden sind.

Die folgende Übersicht 1 soll die Breite der pädagogischen Handlungsmöglichkeiten und -formen deutlich machen. Grundsätzlich wird hierbei Folgendes unterschieden:

Betroffene Person → das ist jemand, die oder der Unterstützung sucht bzw. braucht.

Struktur setzende Person → das ist jemand, der oder die im Rahmen einer spezifischen Funktion diese Unterstützung anbietet bzw. leistet (in der Erwachsenenbildung beispielsweise ein Kursleiter oder eine Fachbereichsleiterin oder der ehrenamtliche Gesprächskreisleiter).

Leitende Orientierung → verweist auf die innere Ausrichtung, sozusagen auf den Kern des Handelns.

Der Gewinn der inhaltlichen und begrifflichen Differenzierung und die Zuspitzung von „Beratung in der Erwachsenenbildung" auf das enge fachliche Verständnis haben zwei Seiten. Zum einen wird deutlich, dass sich Beratung im eigentlichen Sinne auf spezifische Situationen beschränkt. Hier geht es darum, „Hilfe zur Selbsthilfe" für die Entwicklung der Person und für die Bewältigung von Problemlagen zu geben. Diese Situationen treten seltener auf, als es der inflationäre Gebrauch des Wortes Bildungsberatung annehmen lässt. Das entlastet von dem Druck, fortwährend perfekt beraten zu müssen. Zum anderen wird deutlich, dass in vielen Situationen Anleitung und Information als Handlungsformen durchaus angemessen sind und voll ausreichen. Das ist immer dann der Fall, wenn die Unterstützung darin besteht, jemandem zu zeigen, „wie etwas geht" (z.B. Bewerbungsunterlagen zusammenzustellen oder einen Antrag auszufüllen).

Die fachliche Kompetenz der Mitarbeiter/innen in der Erwachsenenbildung muss so weit reichen, dass sie die jeweils angemessene Handlungsform bewusst auswählen und die Übergänge zwischen den Handlungen gestalten können. Praktisch heißt das zumeist, sich zwischen Beratung und Anleitung zu entscheiden bzw. auf ein Beratungsanliegen nicht mit Anleitung und auf Anleitungsbedarf nicht mit Beratung zu reagieren.

Übersicht 1: Pädagogische Handlungsformen im Rahmen von Bildungsberatung

Form des Handelns	Ziel (aus Sicht der betroffenen Person)	Funktion (aus Sicht der Struktur setzenden Person)	Leitende Orientierung
Informieren	Kenntnis (von.../über...) bekommen	Inhalte weitergeben	die Sache
Anleiten	eine (bereits definierte) Problemlösung bekommen	Problemlösung weitergeben	die Sache, der Handlungsablauf (Ergebnis und dessen Qualität)
Beraten	eine eigene Problemlösung finden, eigenen Weg zur Problemlösung entdecken/entwickeln; Entwicklung von Lebens- bzw. Alltagskompetenz	Hilfe anbieten, eine Problemlösung zu finden („Hilfe zur Selbsthilfe")	der Prozess (Entwicklung eines individuellen Ergebnisses), die Person
Begleiten	die erarbeiteten Problemlösungen in den gesamten Lebenskontext und in eine längerfristige Perspektive einbinden	Hilfe geben, die Problemlösungen längerfristig zu verankern	die Person, der Kontext, der Prozess
Feedback geben	Mitteilung bekommen, wie Verhalten wahrgenommen, erlebt, verstanden wird	Wahrnehmungen mitteilen über das Verhalten des Gegenübers und über eigene innere Abläufe/Reaktionen; Selbstwahrnehmung bei Gegenüber und Verständnis für ausgelöste Reaktion fördern	die Sache/der Handlungsablauf/der Prozess/das Ergebnis in seiner Erscheinungsweise
Coachen	eigene Problemlösung für berufliche Situation finden, erproben, variieren; berufliche Kompetenz entwickeln	Unterstützung geben, eine Problemlösung für die berufliche Situation zu finden; Elemente von Problemlösung weitergeben; Transfer überprüfen, auswerten und optimieren	das Ergebnis und dessen Qualität (Handeln, Verhalten)
Beurteilen/ **Bewerten**	Bewertung bekommen	Bewertung vornehmen und mitteilen	der Prozess oder das Ergebnis in Bezug auf Maßstab/Kriterien
Beobachten		Verhaltensweisen (sprachliche und nicht-sprachliche) wahrnehmen	
Interessen vertreten	Zustimmung entwickeln	Zustimmung gewinnen, werben, durchsetzen	Übereinstimmung, Durchsetzung, Gewinnung
Vermittlung (Ausgleich schaffen, Mediation)	Ausgleich finden, „Recht" bekommen	Perspektivwechsel, gegenseitiges Verstehen, Kompromiss fördern	Interessenausgleich, Kompromiss

Anregungen zur Reflexion

Bitte reflektieren Sie Ihre gegenwärtige Tätigkeit in der Erwachsenenbildung im Kontext dieser Begriffsdifferenzierung. Falls Sie noch nicht in der Erwachsenenbildung mitarbeiten, denken Sie an Situationen, die Sie selbst als Beratende/r erlebt haben. Welche Situationen fallen Ihnen ein?

Notieren Sie im folgenden Schema zu jeder Situation ein Stichwort auf einer Zeile des umgekehrten Ausrufezeichens (siehe Abbildung 1). Kennzeichnen Sie die jeweilige Situation mit

a ... „Anleiten"
b ... „Beraten"
i ... „Informieren"

Bitte markieren Sie außerdem:
↑ ... fällt mir leicht
↓ ... fällt mir schwer

Wenn Sie Ihre Stichworte und Markierungen eingetragen haben, prüfen Sie bitte, was Ihnen auffällt, und tragen Sie das Ergebnis Ihrer Beobachtung in das untere Dreieck ein.

Versuchen Sie dann, die Anteile von Informieren, Anleiten und Beraten an Ihrer gesamten Tätigkeit einzuschätzen und in einem Kreisdiagramm darzustellen.

Blättern Sie nun zurück zur → Situation 1 und zu Ihren Notizen im Einleitungskapitel. Prüfen Sie hier, was von Ihrer persönlichen Reaktion Information, was Anleitung und was Beratung ist und notieren Sie das kurz.

Wenden Sie sich nun bitte der → Situation 4 zu und versuchen Sie hier, mit Hilfe der Handlungsform „Beratung" darauf zu reagieren: Was würden Sie als erstes sagen?

Abbildung 1:

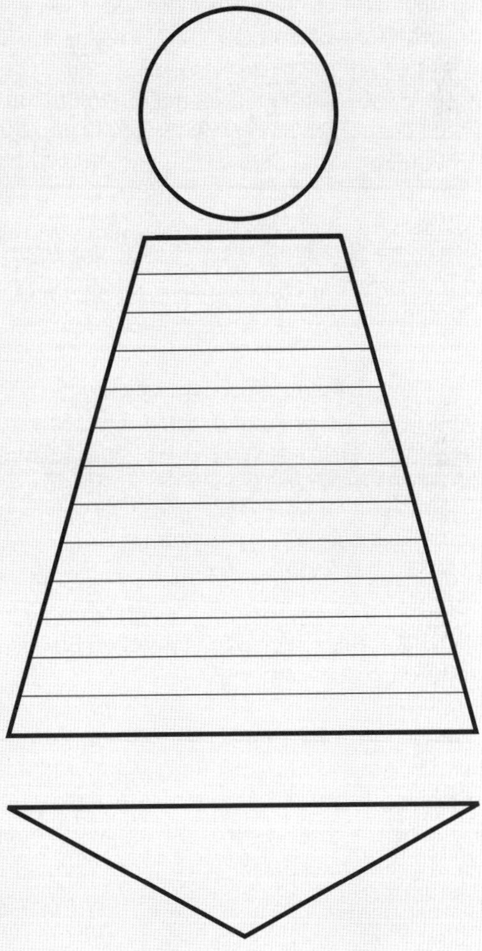

2.2 Situationen mit Beratungscharakter

Im beruflichen Alltag der Erwachsenenbildung gibt es verschiedene Situationen, in denen ein Unterstützungsbedarf zum Ausdruck gebracht wird:

- bei Anfragen, Klärungsbedarf und Orientierungswünschen von Personen im Blick auf die Auswahl von Veranstaltungen aus einem vorhandenen Programm, auf die Art und Weise des eigenen Lernens, auf Erwerb oder Vertiefung von Kompetenzen, auf ihre eigene (berufliche) Weiterentwicklung;
- bei Einzelanfragen oder Hilferufen von Kolleginnen oder Kollegen, z.B. zu deren praktischer Tätigkeit („Was mache ich, wenn...“), zum Projektmanagement („Was muss ich alles bedenken...“), zur Veranstaltungsplanung („Wie gehe ich vor...“) oder zum Umgang mit Teilnehmenden („Ich habe da einen jungen Mann in der Gruppe...“);
- in der Zusammenarbeit mit Gremien, mit wichtigen Personen im Umfeld der eigenen Einrichtung, mit Partnerorganisationen und Kooperationspartnern, mit Behörden und anderen öffentlichen Stellen.

Solche und ähnliche Konstellationen werden als „Situationen mit Beratungscharakter“ bezeichnet. Sie können im Einzelnen sehr unterschiedlich beginnen und ablaufen. Im Sinne einer Orientierungshilfe wird hier eine Unterscheidung verschiedener Situationstypen vorgeschlagen.

Als Unterscheidungskriterium kann zum einen die Abgrenzung zum umgebenden Handlungsfeld gewählt werden. Dementsprechend gibt es Situationen, die mit fließenden Grenzen in die Arbeit und Abläufe einer Einrichtung eingebettet sind. Sie entstehen häufig unerwartet: am Telefon, in einer persönlichen Begegnung, bei einer Besprechung, bei einer Teamsitzung oder ganz buchstäblich zwischen Tür und Angel auf dem Weg vom Büro in den Gruppenraum oder vom Gruppenraum nach Hause (→ Situation 1 und 4). Sie sind zeitlich, räumlich und arbeitsorganisatorisch, d.h. als Teil des begleitenden, unterstützenden, unterrichtenden oder auch organisierenden pädagogischen Handelns, in die alltägliche Bildungsarbeit integriert.

Daneben gibt es Situationen, die vom ersten Augenblick an von den umgebenden Geschehnissen und Arbeitsabläufen abgegrenzt sind, wie etwa der Lehrgang, das Rundgespräch in der Gruppe oder die Arbeit in der Werkstatt. Sie haben einen eigenen Ort im wörtlichen oder im übertragenen Sinn: das Büro (→ Situation 3), den Beratungsraum, vielleicht – wenn auch nicht so recht ungestört – eine etwas abgelegenere Sitzecke im Gebäude oder die unmittelbare Umgebung (→ Situation 2). Außerdem sind die Situationen von einem mehr oder weniger festen, bekannten Zeitrahmen bestimmt. Sie sind somit differenziert.

Zum anderen kann die Konstellation der Beteiligten als Unterscheidungskriterium dienen. Da gibt es Konstellationen, in denen jemand einen Bedarf an Unterstützung andeutet oder der/die Mitarbeiter/in einen solchen Bedarf annimmt, ohne dass die Situation von vornherein das Kennzeichen „Beratung“ trägt. Bei der betroffenen Person gibt es möglicherweise einen Wunsch nach Veränderung oder sie ist auf der Suche nach einer „irgendwie“ gearteten Lösung – doch alles Weitere ist unklar, ja mehrdeutig bis diffus (→ Situation 1). Dies bleibt als ein im Hintergrund liegendes Thema spürbar, das auf (innere) Auseinandersetzung, auf Schwierigkeiten, ja vielleicht sogar auf ein existentielles Problem verweist. Ob es bearbeitet werden soll, ist nicht wahrnehmbar. Und dennoch wird die Schwierigkeit zumindest angedeutet. Die erfreuliche Seite des Vorgangs liegt darin, dass sich dieses Thema immerhin bemerkbar macht. Ob sich Beratung im engeren, fachlichen Sinne als notwendig oder möglich herausstellt oder ob andere Handlungsformen angemessen sind, wird sich im Laufe des Geschehens klären. Die Definition der Situation als „Beratung“ geschieht dann möglicherweise nur auf Seiten eines der Beteiligten, also asymmetrisch, und zwar ausschließlich auf Seiten des Mitarbeiters oder der Mitarbeiterin. Derartige Konstellationen werden hier als „implizite Beratungssituationen“ bezeichnet.

Anders ist die Lage bei Prozessen, die von vornherein unter der Überschrift „Beratung“ stehen (→ Situation 2 bis 4). Die Definition der Situation als „Beratung“ wird von allen Beteiligten vorgenommen, der Rat suchenden und der beratenden Person. Hier handelt es sich also um einen symmetrischen Vorgang, der die Kennzeichnung „explizite Beratungssituation“ nahelegt.

Diese Typologie kann jedoch auch zu Überschneidungen führen. So können die integrierten Situationen „implizit“ oder „explizit“ sein, während sie sich im Falle differenzierter Situationen von vornherein eher als explizit darstellen. Die folgende Abbildung 2 soll diese möglichen Wechselbeziehungen verdeutlichen.

Abbildung 2: Typen von Situationen mit Beratungscharakter

<table>
<tr><td colspan="3" rowspan="3">Kriterien zur Unterscheidung</td><td colspan="2">Dimension „Explikation“</td></tr>
<tr><td colspan="2">Ausprägung:</td></tr>
<tr><td>implizit</td><td>explizit</td></tr>
<tr><td rowspan="2">Dimension „Abgrenzung“</td><td rowspan="2">Ausprägung:</td><td>integriert</td><td>(1)</td><td>(2)</td></tr>
<tr><td>differenziert</td><td colspan="2">(3)</td></tr>
</table>

Diese Matrix ermöglicht es uns, für Beratung in der Erwachsenenbildung unterschiedliche Situationstypen zu beschreiben. Dies sei hier veranschaulicht:

Integrierte und implizite Beratungssituation

Eine Teilnehmerin teilt im Pausengespräch der Dozentin unversehens mit, dass sie den Lehrgang abbrechen will, weil sie schwanger ist.
Oder: Eine ALG 2–Bezieherin entwickelt auf dem Weg vom Kursraum zum Ausgang im Gespräch mit dem Kursleiter einen unrealistischen Ausbildungswunsch.

Integrierte und explizite Beratungssituation

Ein 50-jähriger arbeitsloser Meister des Elektrohandwerks wird zu einem Lehrgang „E-Kräfte in E-Installationen und Gebäudetechnik“ einberufen. Er bekam keine Informationen, nach welchen Gesichtspunkten er ausgewählt worden ist. Im Lehrgang werden im Wesentlichen Grundkenntnisse vermittelt, z.B. wie man Schalter einbaut. Das aber, was ihn eigentlich interessieren würde, z.B.

Einbeziehung neuer Technologien, ist nicht vorgesehen. Am Ende einer Unterrichtseinheit schildert er dem Lehrgangsleiter seine Situation und fragt: „Wie soll ich denn das machen, dass ich hier mehr auf meine Kosten komme?"

Differenzierte und explizite Beratungssituation:
Die Kursleiterin „Spanisch für Fortgeschrittene" (→ Situation 1) hat mit dem zurückgekehrten Teilnehmer („Mir graust es schon vor dem nächsten Besuch der Südamerikaner in unserem Institut...") ein gesondertes Treffen am Nachmittag vor dem Abendkurs vereinbart. In dessen Verlauf ließ sie sich von ihm u.a. die Situationen, in denen er in der fremden Sprache reden musste, genauer beschreiben.

Solche Typenbildung hat – im Sinne von Max Webers „Idealtypen" – als erschließendes, heuristisches Prinzip eine doppelte Funktion: Sie kann die Wahrnehmung und Einschätzung von Situationen mit Beratungscharakter strukturieren; das wäre ein analytischer Aspekt (Was wird von wem konstituiert und gestaltet?). Und sie kann künftige Beratungssituationen vorstrukturieren; das wäre ein strategischer Aspekt (Was soll oder muss von wem konstituiert und gestaltet werden?).

Anregung zur Reflexion
Bitte prüfen Sie die Tragfähigkeit der Matrix in Abbildung 1. Denken Sie an Situationen mit Beratungscharakter, die Sie selbst erlebt oder als Mitarbeiter/in gestaltet haben. Ordnen Sie diese Situationen in die drei Felder der Matrix ein. Wenn das im Einzelfall nicht gelingt, versuchen Sie, das Schaubild zu verändern und weiterzuentwickeln.

2.3 Beratung als Beziehungsgeschehen und Begleitdimension der pädagogisch-didaktischen Arbeit

Jemand möchte etwas wissen oder können. Jemand anderes braucht eine Anregung. Wieder jemand anderes kommt mit einer Situation nicht klar. Jemand viertes sieht eine Entscheidung auf sich zukommen. All dass kann ausdrücklich angesprochen und mit dem Wunsch nach Unterstützung verbunden, also explizit werden. Oder es deutet sich nur an, wird „irgendwie" spürbar, bleibt jedoch insgesamt vorerst implizit. Es ist dem weiteren Prozess und nicht zuletzt den Reaktionen des Mitarbeiters oder der Mitarbeiterin anheim gestellt, ob sich daraus etwas in Richtung Information, Anleitung oder Beratung entwickelt.

Der/die Mitarbeiter/in ist in diesem Vorgang zunächst einmal präsent und wirkt, auch ohne etwas zu sagen. So könnte in → Situation 1 die Kursleiterin nach der Frage des zurückgekehrten Teilnehmers „Haben Sie noch ein paar Minuten für mich?" aufschnaufen, auf die Uhr schauen und dann wortlos weiter ihre Sachen zusammenpacken und sagen: „Nein, leider nicht – mein Mann holt mich heute ab, und der wartet schon eine Viertelstunde." Sie könnte...

Allein dadurch, wie sie sich verhält, bestimmt die Kursleiterin die Situation und das weitere Geschehen zwischen sich und dem Teilnehmer. Und erst recht tut sie das dadurch, was sie sagt. Wenn also Situationen mit Beratungscharakter stets ein Beziehungsgeschehen darstellen und dieses durch Verhalten, Handeln und Reden des Mitarbeiters oder der Mitarbeiterin stark mitbestimmt wird, lässt sich deren Person als „Instrument der Arbeit" verstehen. Insofern begegnet derjenige, der sich mit Beratung in der Erwachsenenbildung beschäftigt, notwendigerweise sich selbst.

Um ein Beziehungsgeschehen zwischen zwei Menschen oder in einer Gruppe als „Situation mit Beratungscharakter" bezeichnen zu können, wird vorausgesetzt, dass die Beteiligten einander wahrnehmen, aufeinander reagieren, miteinander sprechen. Die Person, die zuvor als Struktur setzend bezeichnet worden ist, also der/die Dozent/in, Lehrgangs- oder Seminarleiter/in, Verwaltungsmitarbeiter/in mit Beratungsaufgaben, bringt in diesen Vorgang spezifische Fragen, Anregungen oder Vorschläge ein. Diese Aktivitäten werden unter dem Begriff „Interventionen" zusammengefasst. Sie zielen immer darauf ab, den Betroffenen eigenes Handeln zu ermöglichen. Sie tun das anhand von

Kenntnissen → durch Information;

Verfahrenswissen → durch Anleitung;

eigenverantwortlicher Entscheidung und Selbststeuerung → durch Beratung.

Der Bezug auf „Hilfe zur Selbsthilfe" ist am deutlichsten bei Beratung im engeren Sinne ausgeprägt. Aber sie spielt auch beim Anleiten und Informieren eine Rolle. Denn es obliegt letztlich immer der betroffenen Person, mit den Kenntnissen, die aus einer Anleitung oder Information erwachsen, selbst etwas anzufangen.

Dies verweist auf die dreifache Funktionen von Beratung in der Erwachsenenbildung im „Begleiten", „Fördern" und „Stärken".

Begleiten → wenn jemand zunächst mit strengem Anwendungsbezug auf eine klar umrissene berufliche Situation sein/ihr Englisch aufbessert und von da aus eine Perspektive für einen Aufenthalt in den USA entwickelt.

Fördern → wenn jemand über den angestrebten beruflichen Abschluss hinaus nach weiteren Handlungsmöglichkeiten und -alternativen sucht, deshalb bereits während des Studiums ein begleitendes Praktikum machen möchte und ihm bzw. ihr der Kontakt zu einem Unternehmen in der Nähe eröffnet wird.

Stärken → wenn im Gespräch über eine Lernschwierigkeit („Ich kann mir einfach keine Vokabeln merken") der Vorschlag formuliert wird, sich an Situationen zu erinnern – auch außerhalb von Sprachenlernen –, in denen es leicht gefallen ist, etwas im Gedächtnis zu behalten.

In alldem steckt eine wichtige Voraussetzung: der sorgfältige Blick auf die Lebenssituation der Menschen, auf ihre Gewohnheiten, aber auch auf ihre Sorgen und Befürchtungen (z.B. die Scheu vor Reaktionen im privaten Umfeld, wenn Veränderungsschritte anstehen).

Beratung in der Erwachsenenbildung ist somit ihrem Wesen nach ein Handeln, das sich als „Ermöglichungshandeln" verstehen lässt, also eine Form des Agierens, die Räume bereitstellt – in wörtlichem und in übertragenem Sinne –, in denen

- der Mensch sich selbst und seine konkrete Situation wahrnehmen kann → „Realitätsbezug";
- Neues in den Blick kommt und zumindest gedanklich erprobt werden kann → „Probehandeln";
- ein Gegenüber da ist, das offen aufnimmt und nicht sofort urteilt, sondern die eigenen Fähigkeiten und Stärken und Potenziale zu entdecken hilft → „korrigierende Erfahrung".

Gerade für Menschen, die in ihrer Berufs- oder Bildungsbiographie Brüche und Krisen erlebten (z.B. lange Stellensuche beim Eintritt ins Berufsleben, Erwerbslosigkeit in späteren Lebensjahren, Selbstentwertung und Scham), kann Beratung in der Erwachsenenbildung, ja Bildungsberatung insgesamt der Raum sein, an dem sie vielleicht erstmals Akzeptanz erleben und die Möglichkeit haben, an eigene Ressourcen heranzukommen.

So hat Bildungsberatung immer mit dem ganzen Menschen samt seinen konkreten Lebensverhältnissen zu tun:

- mit aktuellen Fragen und Orientierungsbedürfnissen zum Beispiel im Blick auf Bildungswege, Veränderungschancen und persönliche Eignung;
- mit seinen privaten Lebensverhältnissen (persönliche Interessen, Partnerschaft, Familie);
- mit seiner Erwerbssituation (Arbeit, berufliche Perspektiven, Arbeitslosigkeit);
- mit der Biographie insgesamt und dem in ihr enthaltenen Niederschlag bisheriger Erfahrungen und Verhaltensweisen.

Aus den Aufschichtungen all jener Erfahrungen, die jede Person im Zusammenhang mit Lernen gesammelt hat, ergibt sich eine spezielle „Lernbiographie". Dieser eigene, lebensgeschichtlich gewachsene Zugang zum Lernen ist für jeden weiteren Lernprozess von Bedeutung. Dabei geht es nicht nur um ein bestimmtes Wissen und Können, das angeeignet wurde, sondern vor allem auch um eigene Muster, Strategien und Schwierigkeiten beim Lernen.

Dieser Zusammenklang aus Lebensgeschichte, gegenwärtiger Lebenslage und der konkreten Situierung im Hier und Jetzt der Bildungsberatung macht es notwendig, diese Ganzheitlichkeit wahr- und aufzunehmen, um den Menschen wirklich zu erreichen und ihm gerecht zu werden. Genau das ist die Anforderung an Erwachsenenbildung, ja Bildungsarbeit überhaupt, die am Menschen orientiert ist. Ganzheitlichkeit und biographische Orientierung sind also das zentral Verbindende für die pädagogisch-didaktische Arbeit und die Beratung in der Erwachsenenbildung. Insofern sind die in Übersicht 2 markierten integrierten und impliziten Situationen mit Beratungscharakter durchaus nicht nur als Problemanzeige zu sehen, die möglichst schnell durch (Aus-)Differenzierung (statt Integration) oder Explikation (statt Implikation) zu „bereinigen" wären. Im Gegenteil: Sie können auch als Ausdruck jener Ganzheitlichkeit verstanden werden, die Kennzeichen des Lebens ist und der die Erwachsenen- bzw. Weiterbildung in Teilbereichen noch Raum bietet. Allerdings folgt daraus die Anforderung an die Beratenden, die entsprechenden Situationen als solche wahrzunehmen und entscheiden zu können, ob und wie sie darauf eingehen.

Diese Differenzierungs- und Entscheidungsfähigkeit betrifft vor allem jene Handlungsformen, die in das konkrete Lehr-Lern-Geschehen eines Kurses, Lehrganges, Seminars usw. integriert sind und von der hier zuständigen Person erbracht werden. Die Vorteile einer Beratung, die mit dem didaktisch-methodischen Handeln verknüpft ist, liegen vor allem darin, dass die aktuelle Situation der Lernenden konkret wahr- und aufgenommen wird und dass Information, Anleitung und

Beratung unmittelbar daran anknüpfen können. Dies ist umso eher möglich, je stärker die Arbeitsweise der Lehrenden biographisch-situativ orientiert, also darauf gerichtet ist, die Kenntnisse, Erfahrungen und Situationen der Teilnehmenden einzubeziehen und ihnen Raum für Selbsttätigkeit zu schaffen. Damit verändert sich die Rolle der Person mit Leitungsverantwortung: Er bzw. sie wirkt als Lernbegleiter/in bzw. Lernberater/in. Mit dieser wechselseitigen Integration von pädagogisch-didaktischem und beraterischem Handeln wird eine Bedürfnislage von Teilnehmenden getroffen, die sich empirisch nachweisen lässt. In einem Forschungsprojekt zu Zusammenhängen zwischen biographischen Lernerfahrungen und Bildungsberatung berichteten Personen, die zu ihren einschlägigen Erfahrungen interviewt worden sind, dass sie sich durchaus in der Lage sehen, selbst etwas zu tun, dass sie hierbei aber Unterstützung wünschen.

Das nachstehende Beispiel führt dies am Übergang von Beratung zu Anleitung vor.

> Da hat man wirklich gemerkt, die hat sich das alles notiert. Und die stand dann auch dahinter, die hat sich wirklich bemüht. Sie hat dann auch gesagt, im Internet, da gibt es die und die Seite, da gibt es, wie man Bewerbungen verfassen muss. Wann habe ich denn meine letzte Bewerbung geschrieben? Das sind alles so Aspekte, das erwarte ich eigentlich von so einer Person. Da muss auch erst mal ein Vertrauensverhältnis geschaffen werden (vgl. Häßner/Knoll 2005a, S. 212).

Anregungen zur Reflexion

Bitte lassen Sie nochmals Ihre bisherigen Eindrücke, Aha-Erlebnisse und Einwände aus der Bearbeitung des 2. Kapitels an sich vorüberziehen. Überlegen Sie für sich selbst: Was bringe ich mit? Wo liegen meine spezifischen Möglichkeiten beim Beraten, Anleiten und Informieren?

Bitte tragen Sie dazu Stichworte in die Übersicht 2 ein.

Übersicht 2: Spezifische eigene Möglichkeiten beim Beraten, Anleiten und Informieren

...mit Einzelnen:	...mit Gruppen:

3. Handlungsnotwendigkeiten und Gestaltungsformen – Nahe am Prozess

3.1 Die Richtung klären – Ziele und Struktur

Der Vielfalt von Situationen mit Beratungscharakter entspricht ein buntes Bild möglicher Anliegen, Probleme und Ziele, wie das folgende Beispiel zeigt (vgl. Knoll 2006, S. 35):

> Im Stadtteil-Laden klingelt das Telefon. Eine Erzieherin aus der benachbarten Kindertagesstätte ruft an. Sie hat einen Elternabend vor sich und möchte wissen, wie sie das Gespräch zwischen den Müttern und Vätern in Gang bringen kann. Die Kollegin vom Stadtteil-Laden habe das neulich beim Bürgerstammtisch so schön hinbekommen, und sie möchte nun wissen, wie das geht. „Wie steige ich da ein?" Und dann nach einer kleinen Pause: „Bei mir sagt sowieso keiner was..." Im Übrigen sei ihr die Veranstaltung ganz unheimlich, da die KiTa-Leiterin nicht kommen kann und dies ihr erster Elternabend in eigener Regie ist.

Beratung kann, wie hier, gewünscht oder als nötig angesehen werden, um eine anstehende Situation zu bewältigen. Sie kann in anderen Fällen aufgesucht werden zur Entscheidungshilfe, zur Klärung von Lebensperspektiven, zur Entfaltung eigener Interessen und Potenziale, zur Lösung zwischenmenschlicher Probleme. Sie kann nachgefragt werden zur Entwicklung einer Institution, zur Stärkung institutionellen Einflusses, zur Durchsetzung von Interessen, zur Förderung von Kooperationen usw. All diese Ziele können implizit mitwirken, also unausgesprochen und vielleicht sogar vorbewusst. Sie können aber auch explizit sein, d.h. bekannt, ausgesprochen oder sogar vereinbart.

In diesem Sinne kann es z.B. dem zurückkehrenden Teilnehmer (→ Situation 1) ganz vordergründig darum gehen, mit den südamerikanischen Institutsgästen bei deren nächsten Besuch nicht mehr „blockiert" zu sein und ganz spontan Spanisch zu sprechen, während der Kursleiterin vorschwebt, dass er mehr Selbstvertrauen gewinnen und Überbrückungstechniken fürs flüssige Reden zur Verfügung haben möge. In → Situation 2 mag es Ziel der Lehrgangsteilnehmerin sein, ein Äquivalent für das gefürchtete Kolloquium als Voraussetzung für das Zertifikat herauszuarbeiten. Dem Lehrgangsleiter hingegen kommt es darauf an, diese Hemmschwelle zu verstehen und die Erfahrung eines alternativen, kollegial organisierten und als Lern-Vergewisserung gestalteten Abschlusses zu fördern.

In diesem Rückgriff auf die Eingangsbeispiele deutet sich schon etwas an, was für das Beratungshandeln immer wieder charakteristisch ist: Die Ziele der Person, die ein Anliegen hat, sind eher an der aktuellen Situation und deren direkter Bewältigung ausgerichtet. Den Beratenden hingegen, die eine solche Begegnung bewusst als Beratungshandeln gestalten wollen, geht es eher um weiträumigere Zielperspektiven, z.B. dass die Betroffenen

- eine gegebene Situation umfassend wahrnehmen, im Blick auf die darin mitwirkenden Faktoren differenzieren und sie so alles in allem verstehen;
- bedeutsame Kontexte erfassen;
- Annahmen über Zusammenhänge entwickeln und beschreiben;
- alternative Sichtweisen erarbeiten;
- Ziele entwickeln, explizieren, abwägen und darüber entscheiden;
- Prioritäten setzen;
- Handlungsalternativen entwickeln und Schrittfolgen für das Handeln entwerfen;
- sich eigene schon vorhandene Kenntnisse, Fähigkeiten und Lösungserfahrungen bewusst machen und dadurch Zutrauen zu sich selbst entwickeln usw.

Mit dieser Aufzählung soll lediglich ausgesagt werden, dass solche Zielperspektiven in einer bewusst als Beratung gestalteten Situation tragend sein können. Die tatsächliche Konkretisierung obliegt der Rat suchenden Person, während die Person mit Beratungsaufgaben hierfür einen Ermöglichungsraum bietet und strukturiert.

Vor dem Hintergrund verschiedener Zielsetzungen wird eine spezifische Herausforderung deutlich. Sie liegt im Übergang von der impliziten zur expliziten Beratungssituation. Um einen solchen Übergang anregen zu können, ist es Sache der beratenden Person, verhältnismäßig rasch und in einer Mischung aus Wissen und Intuition wahrzunehmen und zu verarbeiten, was beim Gegenüber und bei sich selbst geschieht. Hierbei kann es zu einer interessanten Überschichtung kommen:

Es gibt zum einen das, was obenauf liegt, d.h. das, was jemand zu Beginn eines Gesprächs als Anliegen oder Problem darstellt. Zum anderen entwickelt die Person, die das hört, währenddessen ihre Annahme des Anliegens bzw. Problems. Das eigene Bild davon kann sich mit dem Gehörten decken oder davon unterscheiden. Im letztgenannten Fall tritt es zum dem hinzu, was die Rat suchende Person einbringt.

„Und was bedeutet das dann?" könnten Sie jetzt fragen, während Sie das lesen. Ist das gut oder schlecht? Wie soll ich als Berater/in herausfinden, ob sich das deckt. Und wie reagiere ich, wenn ich etwas anderes denke als die Rat suchende Person? Darauf werde ich später nochmals eingehen.

Ganz ähnlich verhält es sich mit den Zielen, sofern die Rat suchende Person überhaupt ein Ziel nennt. Auch hier kann sich bei der/dem Beratenden zusätzlich zum Gehörten die Vorstellung eines Zieles entwickeln, um das es „eigentlich" geht, das also ihm oder ihr selbst wichtig ist.

Das eigene innere Bild vom Problem und Ziel entsteht aus der äußeren und inneren Wahrnehmung, aus dem also,

- was gehört wird („Bei mir sagt sowieso keiner was") und nicht gehört wird;
- was zu sehen ist (wie jemand zur Tür hereinkommt, Platz nimmt, sich hinsetzt, schaut etc.);
- was als subjektive Empfindung („Um Himmels willen, schon wieder die"), als Einfall („Der braucht das Problem..."), als Gedankenkonstruktion („Wenn Sie jetzt die Arbeit nicht schreibt, verpasst sie eine Riesen-Chance") und dergleichen wahrgenommen wird.

Die Gesamtheit dieser Aspekte und Ebenen lässt sich auch als „Inneres Konzept" bezeichnen. Diese Grundstruktur, die für die beratende Person zutrifft, wird in der folgenden Übersicht nochmals zusammengefasst.

Übersicht 3: Das Innere Konzept im Beratungsgeschehen

Person mit Klärungs- oder Lösungswunsch	Person mit Beratungsaufgaben
Was nennt die Person als Anliegen bzw. als Problem?	Was hört die Person als Anliegen bzw. Problem? Was nimmt sie selbst als Anliegen bzw. Problem an?
Was nennt die Person als Ziel?	Was hört die Person als Ziel? Was hat sie selbst für ein Ziel?

Das Innere Konzept formt sich in der Praxis oft blitzschnell. Es stellt gewissermaßen ein Reservoir dar, aus dem heraus Interventionen – insbesondere zu Beginn eines Gesprächs – geschöpft werden können. Wenn sich also innerlich ein eigenes Ziel formt, das sich von dem des Gegenübers unterscheidet, so bedeutet das nicht, dass dies auch realisiert werden muss. Es stellt vielmehr eine Anregung dar, die gegebenenfalls in eine Frage umgesetzt wird oder zunächst einmal im Hintergrund bleibt.

Damit in einer Situation mit Beratungscharakter alle Beteiligten eine gemeinsame Orientierung entwickeln können, wird folgende Vorgehensweise empfohlen.

(1) Notwendigkeit und die Richtung von Vereinbarungen thematisieren (im Sinne von Transparenz und Gleichrangigkeit, d.h. zugunsten einer symmetrischen Situation)

(2) klären, wer etwas will bzw. einen Auftrag gibt

(3) den Gegenstand der gemeinsamen Arbeit definieren

(4) das Ziel der gemeinsamen Arbeit bestimmen

(5) die Vorgehensweise entscheiden

(6) die Rahmenbedingungen festlegen

Im Zusammenhang mit (4) und (5) fällt die Entscheidung, ob in Richtung „Beratung", „Anleitung" oder „Information" weitergegangen wird.

Die einzelnen Schritte sind hier in einer Reihenfolge von (1) bis (6) aufgeführt. Das bedeutet aber nicht, dass sie stets so linear ablaufen. Es kann, wollte man dieses Schema auf die → Situation 1 anwenden, durchaus geschehen, dass mit den Rahmenbedingungen (6) begonnen wird („Haben Sie noch fünf Minuten…"), dann geklärt wird, worum es geht (2), und anschließend Ziel (4) und Vorgehensweise (5) bestimmt werden. Oder das Gespräch pendelt eine Zeitlang zwischen Vorgehensweise (5) und Rahmenbedingungen (6), bis eine gemeinsame Klärung erreicht ist.

Generell sollten die Klärungen lange genug offengehalten werden, damit sich eine tatsächliche Beteiligung (im Sinne von Selbsthilfe) entwickeln kann. Das bedeutet, als Beratende/r eher retardierend zu wirken, als den Prozess rasch zum Erfolg bringen zu wollen. Der Wunsch, dass „etwas herauskommt", dass die Rat suchende Person zufrieden ist und auch bei einem selbst Zufriedenheit entsteht, ist durchaus nachvollziehbar und sehr menschlich. Dieser Wunsch wird durch Rahmenbedingungen der Beratung, z.B. eine Zeitbegrenzung, noch verstärkt. Eine solche – mehr oder weniger bewusste – Orientierung kann aber dazu führen, dass der Klärungsprozess nicht die Zeit bekommt, die er eigentlich braucht. Als Faustregel kann deshalb gelten: Wenn innerlich der Wunsch spürbar wird, jetzt abzuschließen, lohnt es sich, noch einige Augenblicke zu warten.

Nun nochmals in Kürze einige Empfehlungen für die Erreichung von gesetzten Zielen in Situationen mit Beratungscharakter:

1. Formulieren Sie ein Ziel oder regen Sie die Formulierung eines Zieles an
Jemand sagt beispielsweise: „Was soll ich machen, wenn..."
Mögliche Rück- bzw. Leitfragen:
„Was ist Ihnen wichtig?"
„Was möchten Sie erreichen?"
„Was soll anders werden?"

2. Geben Sie den Zielzustand bzw. das Zielverhalten konkret an
Jemand sagt: „Ich will ... können", „...erreichen."
Mögliche Rück- bzw. Leitfragen:
„Wie sieht das genau aus?"
„Wie fühlt es sich an?"
„Was genau werden Sie tun?"
„Woran werden Sie erkennen, dass...?"

3. Die Ziel-Definition sollte keine Negation und keinen Vergleich enthalten
Jemand sagt z.B.: „Ich will nicht mehr..."
Mögliche Rück- bzw. Leitfrage:
„Was möchten Sie stattdessen erreichen?"

4. Der Zielzustand bzw. das Zielverhalten soll gut kontextualisiert, d.h. auf Situationen, Personen, Sachverhalte bezogen sein
Mögliche Rück- bzw. Leitfragen:
„In welchen Situationen werden Sie sich wie verhalten?"
„Wem gegenüber werden Sie sich wie verhalten?"

Wird der Beratungsprozess unter dem Aspekt des zeitlichen Ablaufs betrachtet, dann sind die bisher genannten Klärungen und Entwicklungen im Blick auf Vereinbarung, Auftrag, Gegenstand, Ziel(e), Vorgehensweise und Rahmenbedingungen

Aspekte vor allem der Anfangs- oder Eröffnungsphase. Diese ist zugleich dadurch bestimmt, dass die Beteiligten sich kennenlernen, miteinander Kontakt aufnehmen und dass sich inmitten von alldem bei der Person mit der Beratungsaufgabe das Innere Konzept formt, das in fortwährender Weiterentwicklung als Reservoir für die eigenen Reaktionen und Interventionen dient. Insofern stellt dieser Zeitabschnitt, so kurz er auch sein mag, ein höchst komplexes Geschehen dar. In diese Phase fällt auch die Erfassung von Daten (Name, Adresse und Erreichbarkeit), sofern die Person nicht schon bekannt ist und ein weiteres Gespräch möglich erscheint.

Auch der Abschluss ist gleichsam natürlich an realen zeitlichen Verlauf angebunden. Der im wörtlichen wie im übertragenen Sinne zu verstehende Raum, der am Anfang betreten wird, wird nun wieder verlassen. Das Gespräch geht zu Ende, wie es vereinbart worden ist oder wie es die Rahmenbedingungen nötig machen. Ergebnisse werden zusammengefasst (Ertrag), Handlungsperspektiven und nächste Schritte in Erinnerung gerufen (Transfer) und möglicherweise auch Einschätzungen des Verlaufs geäußert (Auswertung).

Zwischen Eröffnung und Abschluss geschieht ein Großteil des gemeinsamen Prozesses, wobei bereits die Klärung der Ziele zu Beginn eigentlich mitten in die Arbeit hineinführt. In dieser Arbeits- oder Bearbeitungsphase haben alle jene Gestaltungsformen und die damit verbundenen Entwicklungen ihren Platz, die in den folgenden Abschnitten dargestellt werden. Angesichts der Bandbreite von Situationen mit Beratungscharakter und der Auswirkung vielfältiger persönlicher Gegebenheiten ist gegenüber weiteren Einteilungen Vorsicht geboten. Deshalb wird hier die Integration des Erarbeiteten in die individuelle Lebenslage nicht als eigene Teil-Phase angesehen, sondern als mitlaufende Aufgabe. Sie wird an geeigneter Stelle durch Strukturieren angestoßen.

Die Anfangs- bzw. Eröffnungsphase und der Abschluss werden gleichsam eingerahmt von der Vorbereitung und Nachbereitung. Die Vorbereitung kann sich auf die Gesprächsgegenstände und -inhalte beziehen, sofern diese schon bekannt sind, außerdem auf erste vorläufige Ideen zur Vorgehensweise und auf eigene Stimmungen, Vorstellungen und Erwartungen im Blick auf das bevorstehende Gespräch. So kann es fruchtbar sein, sich eine eventuell bestehende Antipathie, aber auch Sympathie zu vergegenwärtigen. Das trägt zu mehr Offenheit und Wahrnehmungsfähigkeit für die Situation bei.

Die Nachbereitung dient dazu, sich den Verlauf des Gesprächs ins Gedächtnis zu rufen, eigene Reaktionen zu erinnern und Vereinbarungen, Daten etc. festzuhalten. Für die Nachbereitung möchte ich Ihnen einen Fragekatalog an die Hand geben, der in der Praxis mehrfach erprobt wurde.

Fragen zur Nachbereitung

- „Was fällt mir zuerst ein?" (eine Szene, ein Vorgang, ein Verhalten von mir oder anderen)
- „Was hat mich gestört?"
- „Was hat mich gefreut?"
- „Wie war die Reihenfolge?"
- „Wo setzt meine Erinnerung aus? Was fehlt, was fällt mir nicht mehr ein?"
- „An welchen Stellen war ich besonders beteiligt und engagiert? An welchen Stellen war ich eher zurückhaltend und unsicher?"
- „An welchen Stellen waren die Teilnehmer/innen nach meiner Wahrnehmung besonders beteiligt und engagiert? An welchen Stellen waren die anderen eher zurückhaltend?"
- „Wenn ich auf die Beratung zurückblicke, was würde ich im Nachhinein anders machen?"

Empfehlenswert ist es, diese Nacharbeit gemeinsam mit einem Kollegen oder einer Kollegin zu machen. Hierbei ist besonders sorgsam auf Artikulationshemmnisse, auf Tendenzen des Verschweigens, Zurückhaltens, Hintanstellens („Das kann ich ja ein ander Mal erzählen") zu achten. Bei solcher Nacharbeit kann zum Bewusstsein und zur Sprache kommen, welche Absichten bei der Auswahl und Verwirklichung von Interventionen mitwirkten, wie diese Vorstellungen umgesetzt worden sind und wie sie sich ausgewirkt haben.

Anregungen zur Reflexion

Bitte gehen Sie nochmals zu dem Fall am Beginn dieses Abschnitts zurück. Versetzen Sie sich in die Situation der Mitarbeiterin im Stadtteil-Laden, die den Anruf der Erzieherin entgegennimmt. Gehen Sie die folgenden Fragen durch und notieren Sie Ihre Einfälle:

„Was höre ich als Anliegen bzw. als Problem?"

„Was vermute ich möglicherweise noch als Anliegen bzw. Poblem im Hintergrund?"

„Was höre ich als Ziel?"

„Was vermute ich möglicherweise noch als Ziel im Hintergrund?"

Überlegen Sie sich aufgrund dessen Ihre erste Reaktion, mit der Sie auf die Anruferin eingehen.

Falls Sie eine Situation mit Beratungscharakter aus ihrem eigenen Arbeitsbereich vor sich haben: Überlegen Sie, was Sie von Ihrem/Ihrer Gesprächspartner/in als Anliegen bzw. Problem und als Ziel schon gehört haben oder wissen, und machen Sie sich dazu Notizen. Halten Sie außerdem fest, was Sie selbst als weiteres Anliegen, als Problem oder als dahinter liegendes Ziel annehmen. Wenn das Gespräch stattgefunden hat, vergleichen Sie Ihre Eindrücke und Erinnerungen mit diesen Notizen.

3.2 Den Möglichkeitsraum fördern – Interventionen

3.2.1 Von der Vielfalt der Möglichkeiten zur Intervention

In der vorherigen Anregung zur Reflexion bestand die zweite Bitte darin, sich aus der Sicht der Mitarbeiterin im Stadtteil-Laden eine erste Reaktion gegenüber der Anruferin einfallen zu lassen. Streng genommen handelt es sich dabei schon um eine „Intervention". Die Person, die in dieser Situation mit Beratungscharakter eine Was-soll-ich-tun-Frage gestellt bekommt, muss eine Vielzahl von Wahrnehmungen, Gedanken und Assoziationen simultan verarbeiten: Sie hört, was die Erzieherin sagt, erinnert sich vermutlich an den erwähnten Bürgerstammtisch, hat möglicherweise das Bild der benachbarten Kindertagesstätte vor Augen, ja vielleicht sogar die Erzieherin, und im Hintergrund außerdem noch ihre fachliche Erfahrung aus der Leitung von Gesprächsgruppen. In dieser Mischung aus Wahrnehmungen und Gedanken entsteht die eingangs ausgeführte Intervention.

Im Folgenden werden einige Interventionsmöglichkeiten für solche Reaktionen und nach dem Pfeil → das jeweils dahinter stehende Innere Konzept benannt. Vergleichen Sie damit bitte die Ergebnisse Ihrer eigenen Überlegungen:

(1) „Wie weit sind Sie denn schon in Ihrer Planung?" → Die junge Frau kann das Elterngespräch leiten, sie hat aber Angst. Deshalb ganz auf der Sachebene bleiben und sich von da aus allmählich vortasten.

(2) „Was hat Ihnen denn an dem Bürgerstammtisch so gut gefallen?" → Auch hier die Annahme von Angst und die Konsequenz, auf der Sachebene zu bleiben, aber zusätzlich verbunden mit der weiteren Konsequenz, Gelingensvorstellungen anzuregen, und zwar durch Fragen wie: „Wie könnte das bei Ihnen aussehen, wenn es so richtig gut läuft?" Im weiteren Verlauf des Gesprächs ist denkbar zu fragen: „Und was könnten Sie dazu tun?"

(3) „Sie meinten vorhin: Bei Ihnen sagt sowieso keiner was... Habe ich das richtig verstanden?" Nach der Bestätigung: „Was meinen Sie damit?" → Es wird ein Minderwertigkeitsgefühl angenommen; dann die Katastrophenphantasie einer Realitätsprüfung unterzogen und anschließend eine Gelingensvorstellung angeregt.

Das Beispiel soll nochmals unterstreichen, dass das Innere Konzept vielfältiges Material enthalten kann. Aus diesem Reservoir können die verschiedenen Interventionen geschöpft werden.

Im Blick darauf wird hier zwischen „Leitenden Orientierungen" und „Interventionen" unterschieden, letztere werden nochmals in „Standard-Interventionen" und „komplexe" Interventionen differenziert. Die Leitenden Orientierungen sind als eine Art Plattform zu verstehen. Sie geben den einzelnen Handlungen im Beratungsgeschehen eine bestimmte Sinnrichtung. Die Interventionen hingegen stellen je für sich eine konkrete Handlung dar. Sie haben eine bestimmte Ausprägung und Struktur und sind dadurch voneinander abgegrenzt. Das wird noch deutlicher durch die Bezeichnung „Technik", die sich manchen Veröffentlichungen oder Fortbildungsangeboten findet. Sie wird hier allerdings vermieden, weil Bildungsberatung ein Beziehungsgeschehen darstellt und im Blick darauf das Wort „Technik" einen merkwürdigen Klang hat. Unter „Standard-Interventionen" werden Aktivitäten und Verhaltensweisen aufgeführt, die ein Grundrepertoire darstellen und für die ganze Bandbreite von Beraten – Anleiten – Informieren hilfreich sind. Im Unterschied dazu sind „komplexe Interventionen" auf Situationen bezogen, die im Blick auf die Sache und die betroffene Person einen höheren Grad an Differenzierung, vielleicht auch Unübersichtlichkeit und Schwierigkeiten mit sich bringen.

3.2.2 Leitende Orientierungen

Die Interventionsrichtungen und auch die später folgenden, einzelnen Interventionen werden in Form einer Übersicht dargestellt und fallweise mit Beispielen verbunden.

Prozessorientierung

Bisher wurde schon mehrfach das Wort „Prozess" verwendet, um Beratung als Beziehungsgeschehen zu charakterisieren. Das Wort hat seinen Hintergrund im Lateinischen: *procedere* steht zum einen für „voranschreiten" und „weiterkommen", kann aber auch „glücken" und „gelingen" bedeuten. Dementsprechend steht *processus* für „Fortschritt" bzw. „guter Fortgang". Um also der Person, die etwas klären oder für sich gewinnen möchte, einen guten Fortgang zu ermöglichen, muss sie selbst voranschreiten können. Dies geschieht ganz wesentlich dadurch, sich etwas einfallen zu lassen, Gedanken zu entwickeln und beides aussprechen zu können. Für die Person mit Beratungsaufgaben bedeutet das, diesen Vorgang selbst als Entwicklungsgeschehen zu verstehen und ihm ebenso viel Aufmerksamkeit und Wahrnehmungsoffenheit zu widmen wie den Sachverhalten, die eingebracht werden oder zu berücksichtigen sind; also wahrzunehmen, *was* jemand sagt, *wie* das innerlich zusammenhängt und ob sich eins aus dem anderen ergibt, aber auch, *wie* das geschieht, vom Redefluss bis zur Stimmlage, von der Mimik bis zur Körperhaltung.

Situationsorientierung
Hier geht es darum zu klären, ob es sich um eine Situation mit Beratungscharakter handelt oder ob die Situation von allen Beteiligten als Beratung im engeren Sinne definiert wird. Außerdem geht es um die Lebenssituation der Betroffenen, in die ihr Beratungsanliegen eingebettet ist. Beispielsweise könnte die Dozentin in → Situation 1 sagen: „Ich habe den Eindruck, es wäre zu wenig, wenn ich Ihnen jetzt bloß einen Hinweis gebe. Wir müssten etwas tiefer gehen. Ist das für Sie in Ordnung?"

Problemorientierung
Das Anliegen oder Problem wird durch eine genaue Beschreibung geklärt und differenziert. Hierbei sind zwei Schritte hilfreich:

Zum einen sollte man das Problem konkretisieren. Das bedeutet, zu klären, worum es genau geht. Der Gegenstand, das Thema, das Problem sollte hierzu gemeinsam eingegrenzt werden. Oder der Beratende lässt sich bei einem scheinbar abstrakten Problem konkrete Situationen erzählen. Beispielsweise könnte in → Situation 1 die Dozentin im Laufe des Gesprächs anregen: „Können Sie bitte mal beschreiben, wie das abläuft, wenn Sie sich blockiert fühlen..."

Zum anderen sollte man das Hauptproblem in Teilprobleme aufsplitten. Beispielsweise ließe sich im zuvor genannten Beispiel (→ Situation 1) das Hauptproblem „Blockade im Hirn" durch entsprechende Fragen ausdifferenzieren, so z.B. durch Fragen wie „Wie ist es mit den Wörtern?" (hier geht es um das Vergessen unter Stress) oder „Wie ist es mit dem Aussprechen?" (hier geht es um eine mögliche Redehemmung).

Zielorientierung
Es wird die Klärung dessen angeregt, was der/die Gesprächspartner/in will bzw. erwartet. Zentral ist hierbei, die Ziele zu beschreiben, zu konkretisieren und zu kontextualisieren (siehe → Abschnitt 3.1, insbesondere „Empfehlungen im Blick auf Ziele").

Ressourcenorientierung
Hierbei geht es darum, dass vorhandene Kräfte und Fähigkeiten ins Bewusstsein kommen. Dem dienen die Frage nach positiven Bewältigungserfahrungen sowie die Anregung, bei der betroffenen Person Lösungsideen und -schritte anzuregen. Beispielsweise könnten Sie nachhaken, indem Sie fragten: „Sie haben vorhin gesagt, wie der gewünschte Zustand für Sie aussehen würde. Was fällt Ihnen denn ein, was dazu beitragen könnte?" Oder: „... was Sie selbst dazu tun könnten?" „Was wäre der nächste kleine Schritt?"

Finale Orientierung
Hierbei geht es darum, den Zustand zu beschreiben, in dem das Problem gelöst worden ist. So wurde beispielsweise zu Beginn des Abschnitts 3.2 im Rückgriff auf das Eingangsbeispiel zu 3.1 bereits eine Intervention in diese Richtung beschrieben: „Wie würde das in Ihrer Veranstaltung aussehen, wenn alles gut läuft?" Anschließend ließe sich fragen: „Und was könnten Sie dazu tun?"

Ambivalenzen herausarbeiten und offenhalten
Dies bedeutet, die Argumente, die für oder gegen einen Sachverhalt sprechen, herauszuarbeiten und zu sammeln. So fragt in → Situation 4 ein Dozent, ob er in seinen Rhetorik-Kurs mit Video-Feedback „steil einsteigen" kann oder ob er doch lieber „etwas vorschalten" soll. Der befragte pädagogische Mitarbeiter regt an, Argumente für und gegen beide Möglichkeiten zu sammeln. Auf dieser Grundlage bittet er dann den Dozenten nachzuspüren, ob sich bei ihm eine „innere Tendenz" in die eine oder andere Richtung ausgeprägt habe. Wichtig ist hierbei, die Ambivalenz nicht dadurch aufzulösen, dass die beratende Person einen der Pole übernimmt und der/die Gesprächspartner/in sich auf der anderen Seite einrichten kann.

In dem Beispiel in Abschnitt 2.2 teilt eine Teilnehmerin im Pausengespräch der Dozentin unversehens mit, dass sie den Lehrgang abbrechen will, weil sie schwanger ist. Die Dozentin könnte, durchaus wohlmeinend, darauf antworten: „Um Himmels willen, das werden Sie doch nicht tun!" Und schon hätte sie die Teilnehmerin dort, wo sie sie gar nicht haben wollte, denn diese liefert ihr nun ein Argument ums andere dafür, dass sie aufhören muss. Hier wäre es also zumindest einen Versuch wert, eine offene Antwort darzubieten – eine Reaktion, die aus einem Inneren Konzept kommt, zu dem die Wahrnehmung der eigenen Bedenken ebenso gehört wie das Wissen um die Kraft von Ambivalenzen: „Ja, Sie sind ein freier Mensch – Sie können den Kurs abbrechen oder aber weitermachen..."

Definitionsvorgänge offenhalten
Diese Perspektive gilt für alle zuvor genannten Leitenden Orientierungen. Es empfiehlt sich, länger bei ihnen zu verweilen, als sich mit schnellen Auskünften zufrieden zu geben oder sofort die eigenen Lösungsideen zu äußern. Denn wenn Betroffene selbst die Situation klären, das Problem konkretisieren und ihr Ziel formulieren, haben sie sich bereits auf den Weg der Problemlösung begeben.

3.2.3 Standard-Interventionen

Im Folgenden möchte ich Ihnen einige der wichtigsten Standard-Interventionen vorstellen und sie anhand von Beispielen anschaulich machen.

Zuhören

Zuhören ist eigentlich eine Selbstverständlichkeit: im privaten Alltag, im beruflichen Handeln und erst recht in der Beratung als Beziehungsgeschehen, und zwar bei allen Beteiligten. Und doch ist es nicht selbstverständlich, weil jedes Hören von mehr oder weniger bewussten, eigenen Reaktionen begleitet ist, von eigenen Einfällen und Gedanken und damit verbundenen Auswahlvorgängen. Es kommt noch hinzu, dass manches schlicht überhört oder anders gehört wird, als es gesagt wurde. Aufgrund dessen ist es also durchaus sinnvoll, im Zusammenhang mit Bildungsberatung die Notwendigkeit des Zuhörens zu betonen, ja sogar als eigene Interventionsform zu bezeichnen. Denn sich dem Gegenüber aufmerksam zuzuwenden, ist für die Person mit Beratungsaufgaben besonders wichtig, weil sie als „Instrument der Arbeit" den Prozess wesentlich mitbestimmt. Deshalb wird häufig vom „aktiven Zuhören" gesprochen. Dabei ist es eine Sache der Übung, jene „frei schwebende Aufmerksamkeit" zu entwickeln, die voll beim Gegenüber ist, ihm also aktiv zugewandt, und zugleich wahrnimmt, was innerlich an Einfällen und Gedanken kommt und geht. Das aktive Zuhören hat eine doppelte Ausrichtung: Es ermöglicht, die Informationen aufzunehmen, die für die Entwicklung des Inneren Konzepts und für die einzelnen Interventionen bedeutsam sind. Und es fördert bei der Rat suchenden Person gleichzeitig das Empfinden, dass ihr Gegenüber wirklich da und sie selbst angenommen ist. Diese Feststellung ist ein wichtiges Erbe aus der klientenzentrierten Gesprächsführung bzw. Psychotherapie (vgl. Bachmair u.a. 2007). Mehr dazu dann auch in Kapitel 5.

Fragen

Zu Beginn des Abschnitts 3.2. wurden verschiedene Interventionen genannt, die als erste Reaktion der Mitarbeiterin im Stadtteil-Laden gegenüber der anrufenden Erzieherin denkbar sind. Damit wurde das jeweils zu vermutende Innere Konzept verbunden. Im Folgenden wird diese wechselseitige Zuordnung umgekehrt: Aus dem Inneren Konzept werden die möglichen Fragen abgeleitet.

Übersicht 4: Das Innere Konzept als Ausgangsmaterial für Fragen

Inneres Konzept	→	daraus erwachsende Frage
Die junge Frau kann das Elterngespräch leiten, sie hat aber Angst. Deshalb ganz auf der Sachebene bleiben und sich von da aus allmählich vortasten.	→	„Wie weit sind Sie denn schon in Ihrer Planung?"
Die junge Frau kann das Elterngespräch leiten, sie hat aber Angst. Deshalb Gelingensvorstellungen anregen.	→	„Was hat Ihnen denn an dem Bürgerstammtisch so gut gefallen?" Dann später: „Und wie könnte das bei Ihnen aussehen, wenn es so richtig gut läuft?" Im weiteren Verlauf des Gesprächs: „Und was könnten Sie dazu tun?"
Die junge Frau kann das Elterngespräch leiten, sie hat aber Angst und außerdem ein Minderwertigkeitsgefühl; Realitätsprüfung der Katastrophenfantasie und anschließend Gelingensvorstellungen anregen.	→	„Sie meinten vorhin: Bei Ihnen sagt sowieso keiner was ... Habe ich das richtig verstanden?" Nach der Bestätigung: „Was meinen Sie damit?" Dann später: „Wie würde das denn aussehen, wenn die Leute etwas sagen?" Im weiteren Verlauf des Gesprächs: „Und was könnten Sie dazu tun?"

Das Innere Konzept stellt also wichtiges Ausgangsmaterial für Fragen bereit. Oder anders gesagt: Die Bestandteile des Inneren Konzepts (Wahrnehmungen des Gegenübers und eigener innerer Vorgänge, Annahmen, Einfälle, Gedanken, Bilder, Hypothesen) werden sozusagen rückverwandelt in Fragen. Dies ermöglicht es der Rat suchenden Person, eigene Einfälle, Gedanken, Bilder usw. zu entwickeln und sich dadurch selbst auf den Weg der Problemlösung zu machen. Zugleich hat die Person mit Beratungsaufgaben dadurch die Chance, ihre eigenen Wahrnehmungen, Annahmen usw. zu prüfen, zu differenzieren, aber auch zu ändern und weiterzuentwickeln. Zugleich wird deutlich, dass es nicht sinnvoll ist, das Innere Konzept oder Teile davon als direkte Aussage einzubringen, weil dann der angestrebte Prozess der Selbsthilfe gar nicht erst beginnen würde.

Aussprechen lassen

Was so selbstverständlich und wie ein schlichtes Gebot der Höflichkeit erscheint, nämlich jemanden ausreden zu lassen, hat im Zusammenhang mit Bildungsberatung in der Erwachsenenbildung eine ganz stark konzeptionelle Seite. In der Konsequenz bedeutet das, die eigenen Einfälle, Gedanken usw. wahrzunehmen, nach außen jedoch dem Gegenüber allen Raum zu lassen und ggf. auch über Abbrüche und unvollendete Sätze hinweg zu warten, bis der Redefluss weitergeht und der richtige Augenblick für eine weitere Intervention gekommen ist. Das mag manchmal schwerfallen, wenn etwas Treffendes einfällt oder eine bestimmte Interpretation sich in den Vordergrund drängt, ist aber zugunsten der Prozessorientierung unbedingt nötig.

Paraphrasieren

Im Beziehungsgeschehen von Bildungsberatung soll zum einen die betroffene Person sich selbst und ihre Situation und zum anderen die Person mit Beratungsaufgaben ihr Gegenüber sowie sich selbst in diesem Prozess verstehen. Um solches wechselseitiges Verstehen zu fördern, kann es förderlich sein, sich zu vergewissern, indem man getroffene Aussagen (leicht abgewandelt) wiederholt. Dies lässt sich mit einer angedeuteten, lediglich durch den Tonfall ausgedrückten oder aber mit einer direkten Frage verbinden. Für beides möchte ich Ihnen je ein Beispiel geben. Gehen Sie zunächst zurück zu → Situation 2.

Die Teilnehmerin: „Es ist fällt mir ziemlich schwer, Sie anzusprechen. Ich habe mir auch schon überlegt, ob ich ganz aussteige. Aber mir gefällt das Ganze – wie hier gearbeitet wird und auch die Leute und das Team. Außerdem bringt es mir sehr viel!" Sie schaut auf: „Ich kriege hier so viel mit! Mir fallen immer wieder Sachen aus meiner Arbeit ein, die mir plötzlich klar werden. Ich hab' auch schon manches umgesetzt." Beide gehen schweigend weiter.
Er nach einer Weile: „...aber?"
Darauf sie: „Ja eben: aber... Aber das Kolloquium..." Wieder Pause.
„Das Kolloquium?"
„Ja, das Abschlusskolloquium. Ich kriege das nicht hin..."

Als weiteres Beispiel möchte ich nochmals die Mitarbeiterin aus dem Stadtteil-Laden bemühen (→ Kapitel 3.1).

Die Mitarbeiterin im Stadtteil-Laden wiederholt sinngemäß einen bestimmten Satz aus der Schilderung der Erzieherin und verbindet ihn mit einer Frage: „Sie meinten vorhin: Bei Ihnen sagt sowieso keiner was... Habe ich das richtig verstanden?" Nach der Bestätigung: „Was meinen Sie damit?"

Empfindungen verbalisieren

Sich auf den Weg machen, um Klärung zu erreichen oder Schwierigkeiten zu bewältigen, aber auch um Entfaltungs- und Veränderungswünsche zu verwirklichen – all das ist stets mit Empfindungen verbunden. Diese reichen von Scham und Angst über Ärger oder Verzweiflung bis hin zu Aufregung und Begeisterung. In den → Situationen 1 und 2 sind hierfür Anhaltspunkte enthalten: In → Situation 1 war der Kursteilnehmer eigentlich schon gegangen, kommt aber noch mal zurück, was seine Ambivalenz andeutet, das Gespräch überhaupt anzugehen.

In → Situation 2 formuliert die Lehrgangsteilnehmerin ihre Empfindungen direkt: „Es fällt mir ziemlich schwer, Sie anzusprechen. Ich habe mir auch schon überlegt, ob ich ganz aussteige...“ Die Empfindungsseite ist deshalb so bedeutsam, weil sie – als selbstverständlicher Teil des Menschseins – die Entwicklung der Einfälle und Gedanken wesentlich mitbestimmt und deshalb eben solche Aufmerksamkeit verdient wie die Sachseite dessen, was angesprochen wird. Die Anregung, Empfindungen zu verbalisieren, kann durch direktes Fragen geschehen („Was löst mein Einfall in Ihnen aus?“) oder durch Anknüpfung an eine Wahrnehmung. So könnte in dem Beispiel von → Kapitel 3.1 die Mitarbeiterin des Stadtteil-Ladens die anrufende Erzieherin fragen. „Bevor Sie meinten, dass bei Ihnen sowieso keiner was sagt, haben Sie kurz gestockt. Was ging da in Ihnen vor?“

Strukturieren

In einer Beratung, Anleitung oder Information werden in der Hauptphase zwischen Eröffnung und Abschluss vielerlei Themen besprochen. Selbst wenn es nur 20 Minuten dauert, kann die Übersicht rasch verloren gehen. Deshalb ist es sinnvoll, spätestens am Ende Ergebnisse und Vereinbarungen, aber auch Tendenzen und Perspektiven zusammenzufassen. Dauert das Gespräch länger oder zeichnet sich schon nach kurzer Zeit ein Ertrag ab, sollten Zwischenergebnisse festgehalten werden. Auch hier kommt wieder die Prozessorientierung zum Zuge: Die Zwischenergebnisse oder gewonnenen Erkenntnisse müssen durchaus nicht von der Person formuliert werden, welche die Beratungsaufgabe wahrnimmt, sondern sollten erst einmal Sache ihres Gegenübers sein („Was ist denn jetzt für Sie das wichtigste Ergebnis?“). Es können aber auch Formulierungen angeboten werden, welche die/der Beratene überprüft („Ich habe den Eindruck, es geht letztlich um die Entscheidung: Lasse ich mich auf diese längere Verpflichtung in diesem Lehrgang ein oder nicht. Wie sehen Sie das?“).

3.2.4 Komplexe Interventionen

Im Folgenden werde ich Ihnen einige der wichtigsten komplexen Interventionen vorstellen und sie mit Beispielen veranschaulichen.

Visualisieren

Manchmal sind Situationen, die in der Bildungsberatung in der Erwachsenenbildung entstehen, sehr komplex. Die zu Beginn vorgestellte → Situation 3 stellt einen solchen Fall dar. Da war jene Frau mit einer Ausbildung, die seit der Wende nicht mehr anerkannt wird, mit einschlägiger Berufserfahrung in der DDR, mit Aushilfsarbeiten und Arbeitsbeschaffungsmaßnahmen, mit freiberuflicher Tätigkeit, mit verschiedenen Aktivitäten, die sie begonnen und abgebrochen hat, und die nun den Wunsch hat, „irgendwas" mal zu Ende zu führen. Die Mischung aus Biographie, zeitgeschichtlichen Umbrüchen und Eigenheiten der Person erfordert einen hohen Grad an Differenzierung. Das Erzählen kann möglicherweise an eine Grenze kommen oder gar in Unübersichtlichkeit münden. Kennzeichnend hierfür ist die innere Wahrnehmung bei der Person mit Beratungsaufgaben in der Art: „Wie war das noch?" oder „Um Himmels willen, jetzt habe ich den Überblick verloren..."

In einer solchen Situation kann es hilfreich sein, eine Visualisierung anzuregen. In dem genannten Fall kann das so aussehen, dass die Mitarbeiterin ihrer Gesprächspartnerin ein Blatt gibt und sie bittet: „Hier in der Mitte sind Sie. Zeichnen Sie mal bitte drum herum alles, was Sie nach dem Schulabschluss gemacht haben – Ausbildungen, Tätigkeiten, auch größere Aktivitäten, wie Ihr Englischkurs jetzt. Rundherum immer ein Kreis für jede Tätigkeit..." Der nächste Schritt besteht darin, die Wahrnehmung und Verarbeitung anzuregen: „Wenn Sie das jetzt anschauen: Wie wirkt das auf Sie?" Oder gleich nach inneren Linien und damit implizit auch nach weiterführenden Impulsen zu fragen: „Wenn Sie mal prüfen: Sehen Sie da Zusammenhänge oder so eine Art Brennpunkte?" Eine Veranschaulichung lässt sich auch erreichen, indem verschiedene Gegenstände auf den Tisch gelegt werden. Da diese Intervention im Einzelgespräch seltener infrage kommt und den Nachteil hat, dass die betroffene Person das Gestaltungsergebnis nicht mitnehmen kann, wird diese Möglichkeit im Abschnitt 3.4 genauer dargestellt.

Perspektivwechsel

Den Perspektivwechsel zu fördern, stellt eine weitere, anregende Intervention dar. Das soll an →Situation 4 und ihrer möglichen Fortsetzung gezeigt werden. Zur Erinnerung: Der Kursleiter fragte den pädagogischen Mitarbeiter, ob er in den bevorstehenden Rhetorik-Kurs mit Video-Feedback „steil einsteigen" könne oder ob er etwas „vorschalten" solle. Der pädagogische Mitarbeiter bittet den Kursleiter, sich in die Teilnehmenden hineinzuversetzen, und zwar zuerst einmal in die Situation, dass sie etwas über Geschichte der Rhetorik und Grundsätze der Kommunikation hören: „Wenn Sie sich da hineinversetzen: Was löst das Ihnen aus? Wie geht es Ihnen damit?"

Nach den Antworten folgt der nächste Perspektivwechsel: „Und jetzt versetzen Sie sich bitte in die Leute hinein, wenn sie gleich am Anfang etwas sagen und wenn das aufgezeichnet wird. Was löst das bei Ihnen aus?" Auch aus dieser Identifikation heraus folgen Reaktionen und Vermutungen seitens des Kursleiters, darunter solche, dass einige Teilnehmenden Angst bekommen und vor lauter Schreck nicht mehr wiederkommen könnten.

Daran wäre wiederum anzuknüpfen: „Was bedeutet das für Sie, wenn Einzelne nicht mehr wiederkommen?“ Und auch die Ambivalenz des Kursleiters („Was schreckt denn Sie selbst an dem steilen Einstieg ab?“) ist in Betracht zu ziehen. All das kann zu der Erkenntnis führen, dass alles „gar nicht so schlimm ist“ und auf diese Weise der steile Einstieg dazu beitragen kann, die Kamera zum selbstverständlichen Arbeitsinstrument des Kurses zu machen.

Jetzt geht der pädagogische Mitarbeiter zur Anleitung über: Er empfiehlt dem Dozenten, bei der Auswertung der Video-Aufnahmen immer den Teilnehmenden das erste Wort zu geben, und zwar in doppelter Weise: Jede/r legt selbst fest, worauf die anderen beim Anschauen der Aufnahmen achten sollen, und er oder sie eröffnet die Reihe der Reaktionen mit den eigenen Selbstwahrnehmungen anhand der festgelegten Gesichtspunkte.

Eine einfache Form des Perspektivwechsels kann darin bestehen, den Gesprächspartner bzw. die Gesprächspartnerin um einen Rollenwechsel zu bitten: „Sie haben jetzt dargestellt, was Ihnen wichtig ist“ oder „...was Sie erreichen möchten. Bitte stellen sich nun vor, Sie sitzen auf meinem Stuhl. Was könnte ich wohl sagen?“

Außensicht

Dies stellt eine eigene Form des Perspektivwechsels dar. Der besondere Akzent besteht darin, ganz bewusst den „fremden Blick“ zu aktivieren, d.h. ein Stück Distanz, vielleicht sogar alltäglich-menschlicher Expertise im Umgang mit Problemen hineinzubringen, indem beispielsweise gesagt wird: „Jetzt versetzen Sie sich mal in die Lage von jemand ganz Fremdem, der mit dem Ganzen nichts zu tun hat, und sehen sich die Situation von außen an: Was fällt Ihnen da auf?“ Das lässt sich verstärken durch eine räumliche Position von außen, indem der/die Betroffene aufsteht, einige Schritte zurücktritt und aus dieser Position spricht. Bei einer solchen Aktivierung ist es im Übrigen wichtig, dass die beratende Person – statt sitzen zu bleiben und so zu signalisieren, dass sie „machen lässt“ – die Gemeinsamkeit wahrt, also ebenfalls aufsteht und sich in die Nähe des Akteurs/der Akteurin stellt.

Anregungen zur Reflexion

Bitte denken Sie an Situationen mit Beratungscharakter, die Sie in jüngster Zeit selbst gestaltet oder selbst erlebt haben. Erinnern Sie sich an die Aktivitäten und Verhaltensweisen, die Sie selbst praktiziert haben (oder die Person, die als Berater/in Ihr Gegenüber war). Nehmen Sie nochmals die Auflistung der Leitenden Orientierungen und der Interventionen zur Hand und ordnen Sie diesen die praktizierten oder erlebten Interventionen zu. Wenn etwas übrig bleibt, das Sie nicht zuordnen können, so geben Sie dem eine Überschrift und ergänzen Sie damit die Auflistung.

Lassen Sie sich Situationen aus der pädagogisch-didaktischen Arbeit in der Erwachsenenbildung einfallen, in denen die Leitenden Orientierungen und einzelne Interventionen hilfreich sein könnten – dies im Sinne von Beratung als Begleitdimension der pädagogisch-didaktischen Arbeit.

3.3 Die Wahrnehmung stärken – Feedback[1]

Im Zusammenhang mit der Entwicklung eines Inneren Konzepts für das Beratungsgeschehen wurde mehrfach deutlich, welch große Rolle hierbei die Wahrnehmung spielt. Wahrnehmungen können aber auch zum Gegenstand des Gesprächs werden. Damit kommt das Feedback als eine mögliche Gestaltungsform in den Blick.

3.3.1 Zum Begriffsverständnis

Im ursprünglich technischen Sinn bedeutet „Feedback" soviel wie Rückmeldung oder Rückkoppelung. Als Beispiel für einen solchen Zusammenhang wird gern auf die Thermostat-Steuerung einer Heizung verwiesen: Für die Raumtemperatur ist ein erwünschter Wert eingestellt (Soll). Hinzu kommt der tatsächliche Wert (Ist), der von der aktuellen Raumtemperatur und von der Außentemperatur abhängt. Der Ist-Wert wird gemessen und mit dem Soll-Wert verglichen. Je nachdem, ob der Ist-Wert niedriger ist oder höher, wird die Heizung ein- oder ausgeschaltet. Die Rückmeldung von Temperaturwerten veranlasst also Aktivität.

In der Beratungstätigkeit – aber auch in der pädagogisch-didaktischen Arbeit, in der Gruppendynamik und in der Psychotherapie – gibt es ein vergleichbares Prinzip, das mit Rückmeldungen arbeitet, um Wirkungen zu erzielen. Allerdings gibt es weder in der Erwachsenenbildung noch in der Bildungsarbeit allgemein einen Begriff oder Vorgang, der so unscharf gebraucht wird wie „Feedback". Diese Schwierigkeit setzt sich fort von so genannter Feedback-Runde zu Feedback-Runde, wo es zwar um Feedback gehen soll, aber nichts anderes als Bewertungen mitgeteilt werden („Mir hat gefallen, dass …" oder „Ich finde gut, dass…"). Das ist mittlerweile in den beruflichen und privaten Alltag übergegangen („Ich muss Dir jetzt mal Feedback geben: Ich finde ziemlich doof, dass Du ...") und umkleidet sich da mit allerlei Gespreiztheiten („Ich habe das Gefühl, dass Du ...").

1 Der folgende Abschnitt lehnt sich an einen öffentlich nicht zugänglichen Text an, der gemeinsam mit Beate Berdel-Mantz als Basismaterial für das Fortbildungssystem „Beratung und Kompetenzentwicklung" ausgearbeitet worden ist (URL: www.bildungsberatung-verbund.de).

In diesem Zusammenhang eine kleine Anregung zur Selbstwahrnehmung: Stellen Sie sich vor, Sie sehnen sich nach jemandem oder Sie haben Angst oder Sie sind begeistert. Dann sagen Sie laut vor sich hin: „Ich habe das Gefühl, dass ich mich nach ihm sehne…" oder „Ich habe das Gefühl, dass ich Angst habe…" oder „Ich habe das Gefühl, dass ich begeistert bin…" Noch merkwürdiger muten die Du-Aussagen an: „Ich habe das Gefühl, dass Du unsicher bist..." Gefühl ist eine abstrakte Kategorie so wie Spielzeug oder Obst. Was konkret gespürt wird, ist nicht „das Gefühl, dass...", sondern das Entzücken, die Freude, die Trauer, der Zorn usw. Deshalb bedeutet die Wahl des substantivischen Ausdrucks zugleich die Distanzierung von der eigentlichen Emotion. Verschärft wird diese Ambivalenz durch die Fachliteratur, die entweder uneinheitlich oder unpräzise formuliert ist. – Dieser persönliche Kommentar ist übrigens kein Feedback sondern eine Wertung. Aber dazu später.

Vor diesem Hintergrund geht es um ein genaues und eingegrenztes Verständnis von Feedback. Diese Präzisierung soll die eigentliche Leistungsfähigkeit, die dem Konzept innewohnt, stärken. Sie soll zugleich der diffusen Ausweitung entgegenwirken, die in der Praxis zu einer Gleichsetzung von „Feedback" und „Auswertung" geführt hat. Ich folge dabei ausdrücklich Klaus Antons, einem Klassiker der Gruppendynamik (Antons 2000, S. 108ff.), der sich auf den eigentlichen Kern von Feedback und insofern auf die fachlich korrekte Begrifflichkeit, nämlich das Formulieren und Mitteilen von Wahrnehmungen, konzentriert.

3.3.2 Die Struktur von Feedback

Feedback zu geben, bedeutet Wahrnehmungen mitzuteilen, und zwar zum einen über Äußeres: also über sinnliche Wahrnehmungen, Beobachtungen („Als Sie von Ihrem vergeblichen Ausbildungsversuch in Grafik-Design erzählten, haben Sie immer an die Decke geschaut"). Und zum anderen über Inneres, also über Befinden, Empfindungen, Einfälle („Als Sie von Ihrem vergeblichen Ausbildungsversuch in Grafik-Design erzählten und dabei immer an die Decke schauten, habe ich auch nach oben geguckt und dann nicht mehr mitbekommen, was Sie gesagt haben.")

Prinzipiell gilt, dass Feedback-Geben zu unterscheiden ist von:

Beurteilen → das bedeutet, die Wahrnehmung zu bewerten. Eine Bewertung wäre beispielsweise: „Ich finde es schlecht, dass Sie bei Ihrer Darstellung zur Decke schauen, da weiß man ja gar nicht, was los ist."

Interpretieren → das bedeutet, die Wahrnehmung umzusetzen in eine Deutung, wie beispielsweise: „Ich glaube, Sie schauen an die Decke, weil Sie unsicher sind und mir nicht ins Gesicht schauen können."

3.3.3 Zur Begründung dieser Struktur

Die Begründung für die zuvor dargestellte Struktur liegt in dem, was wir aus der Kommunikationstheorie und Gruppendynamik wissen: Es gibt in jeder Kommunikation und Interaktion zwischen Menschen eine Innen- und eine Außenseite. Wenn wir eine Wahrnehmung von Äußerem mitteilen, lassen wir der anderen Person die Offenheit und Freiheit, sich selbst zu positionieren; selbst eine Verbindung herzustellen zwischen dem, was gleichsam als „Außenseite" gespiegelt wird, und dem, was innerlich passierte. Wenn wir eine Wahrnehmung von dem eigenen Inneren mitteilen, geben wir ein Stück unseres eigenen Ichs in den Prozess, öffnen uns also selbst gegenüber der anderen Person.

Wenn wir bewerten, gehen wir auf eine andere Ebene. Es wird dann gesagt, was gut oder schlecht ist, professionell oder nicht professionell usw. Es wird ein Maßstab an das angelegt, was wir sehen und hören. Das hat für die betroffene Person eine problematische Wirkung: Bewertet wird dann nicht nur das, was sie tut (wie sie spricht, ob sie dabei zur Decke schaut usw.), sondern sie selbst.

Wenn wir interpretieren, gehen wir in den Hintergrund des Gegenübers, nehmen also eine Art „Einbruch" vor. Es ist die eigene Vermutung, die wir in die Situation hineintragen. Der angelegte Maßstab und die hineingetragene Vermutung lösen meistens reflexartig Abgrenzung, Rückzug, ja Verteidigung aus. Eine solche Abfolge kann folgendermaßen aussehen:

In einer Fortbildungsveranstaltung sagt eine Teilnehmerin zum Kollegen: „Wie Du das eben eingebracht hast, das war richtig flapsig." Er antwortet: „Na ja, wenn ich vor anderen Leuten rede, dann kann ich auch anders. Aber euch kenne ich, hier ist es so familiär..."

Vorausgegangen war folgende Szene: Der Kollege stellte ein Gruppenergebnis dar. Er hat ein Plakat an die Pinwand geheftet, das voll beschrieben ist. Sein Eröffnungssatz: „Da steht jetzt viel drauf, Ihr könnt auch nicht alles lesen, aber das macht nichts, ich werde schon das Richtige sagen." Dann griff er – die linke Hand beständig in der Hosentasche und in der Rechten einen Kugelschreiber – einige Stichworte heraus, deutete auf sie und paraphrasierte, was damit („meiner Meinung nach") gemeint sei. Das war die *Wahrnehmung,* welche die Teilnehmerin zu dem *Urteil* „flapsig" führte. Das Urteil war seinerseits Anlass, zu erklären und sich damit zu verteidigen: „Ja hier, aber woanders nicht..."
Mit der Verteidigung wiederum bleiben alle Beteiligten allein: diejenige Person, die eine Wahrnehmung machte (sie aber nicht ausdrückte) und ihr Gegenüber, das ein Urteil bekam (und sich zur Wehr setzte).

3.3.4 Die Chancen von Feedback

Richtig angewandtes Feedback bietet die Chance, sich im Prozess der Beratung oder der pädagogisch-didaktischen Arbeit weiterzuentwickeln. Die Selbstwahrnehmung kann mit den Wahrnehmungen verglichen werden, die von der Person mit Beratungsaufgaben eingebracht werden. Der oder die Feedback Empfangende wird sich der eigenen Verhaltensweisen bewusst und kann Querverbindungen entdecken zu dem, wie er oder sie mit der aktuellen Situation oder mit dem Problem umgeht und was als Bewältigungsaufgabe ansteht. Insofern ist Feedback geeignet, den Möglichkeitsraum auszuweiten, der durch Bildungsberatung angeboten wird.

In der pädagogisch-didaktischen Arbeit kann Feedback, in dem hier vertretenen engen Sinne, zum Ausgangspunkt und Material für eine umfassendere Auswertung werden: Wenn Wahrnehmungen über Äußeres und Inneres mitgeteilt und aufgenommen werden oder wenn Zusammenhänge zwischen Wahrnehmungen und tatsächlichen Anlässen hergestellt werden, legt dies in einem nächsten Schritt die Frage nahe, wie ein Prozess ablaufen könnte, um ein notwendiges Ergebnis zu erzielen, oder wie eine Verhaltensweise aussehen könnte, um die erwünschten Reaktionen anzuregen.

Anregungen zur Reflexion

Bitte erinnern Sie sich an das letzte (Beratungs-)Gespräch, in dem Sie von Ihrer Seite aus Feedback geben wollten. Greifen Sie aus Ihren eigenen Gesprächsbeiträgen diejenigen heraus, die Sie vor dem Hintergrund des vorangegangenen Abschnitts als Feedback bezeichnen können. Erinnern Sie sich genau: Was haben Sie mitgeteilt? Welche Reaktionen bei Ihrem Gegenüber haben Sie daraufhin wahrgenommen? Wie sind Sie damit umgegangen? Halten Sie eine Idee fest, um ihr persönliches Feedback-Verhalten weiterzuentwickeln.

Wenn die vorangehende Vertiefung für die Sie nicht möglich ist, denken Sie bitte an Ihre Tätigkeit in der Erwachsenenbildung allgemein oder speziell an den beraterischen Anteil dieser Tätigkeit. Wählen Sie eine Situation aus, in der es sinnvoll sein könnte, dass Sie von Ihrer Seite aus Feedback geben. Überlegen Sie den Rahmen, in dem Sie Feedback geben könnten und wie Sie es angehen würden. Notieren Sie bitte die Formulierungen, die Sie verwenden würden, möglichst konkret.

Überlegen Sie, für welche Ihrer Verhaltensweisen, Äußerungsformen, Körperhaltungen usw. Sie sich von einer Person, mit der Sie gut zurechtkommen, konkrete Wahrnehmungen bzw. Feedback erbitten würden. Formulieren Sie die Feedback-Aufträge möglichst konkrete („Bitte achte auf...").

3.4 Beratung auf sich selbst anwenden – Kollegialer Austausch, Kollegiale Beratung und Praxisberatung in der Gruppe

Bisher gingen die Beispiele und die Erläuterungen immer auf das Beziehungsgeschehen zwischen einer Person mit Beratungsaufgaben und jemand Ratsuchendem ein. Aber Beratung samt allem, was bisher als Grundverständnis, Handlungsnotwendigkeit und Gestaltungsform erarbeitet worden ist, kann auch zwischen Kolleginnen und Kollegen seinen Platz haben. Diese Verwirklichungsform von Beratung in der Erwachsenenbildung wird häufig übersehen, weil sich – verständlicherweise – alles Interesse stets denen zuwendet, für die gearbeitet wird. Damit gerät die Chance aus dem Blick, sich selbst durch Beratung weiterzuentwickeln.

Eine gewisse Schwierigkeit besteht allerdings darin, dass in der Praxis, aber auch in der Fachliteratur, zum einen eine große Begriffsvielfalt herrscht. Sie drückt den Reichtum an Zugängen und Arbeitsformen aus. Zum anderen besteht die Tendenz, „Kollegiale Beratung" als Dachbegriff zu verwenden, unter dem sehr unterschiedliche Arbeitsformen verstanden und beschrieben werden. All dies erschwert die Orientierung.

Der folgende Abschnitt soll daher helfen, die Arbeitsformen und Begriffe voneinander zu unterscheiden, zugleich soll er Anregungen für das praktische Handeln geben. Dabei wird bewusst differenziert zwischen drei Begriffen und Sachverhalten: „Kollegialer Austausch", „Kollegiale Beratung" und „Praxisberatung in der Gruppe", letzteres bezogen auf Kolleginnen und Kollegen.

3.4.1 Kollegialer Austausch

Unter Kollegialem Austausch ist ein allgemeines Handlungsprinzip zu verstehen. Es besteht darin, dass Personen, die in einem gemeinsamen Handlungsfeld tätig sind (z.B. in der Bildungsberatung), miteinander über ihre beruflichen und persönlichen Erfahrungen, Probleme und Bewältigungsversuche sprechen. Sie tauschen sich aus. Dies geschieht vielfach informell, z.B. in der Pause, in der Cafeteria, beim gemeinsamen Ausflug usw. So ist durchaus denkbar, dass die Dozentin in → Situation 1 ihrem Ehemann, der auch beraterisch tätig ist und sie an diesem Abend nach dem Spanischkurs abholt, von der Rückkehr des Teilnehmers und seiner Frage erzählt und dass dabei ein anregendes Gespräch über das Reden in fremdsprachigen Situationen entsteht. Oder sie fragt am nächsten Tag in ihrer Schule, wo sie hauptberuflich arbeitet, eine Kollegin, wie diese vorgehen würde.

Kollegialer Austausch kann aber auch in formelle Veranstaltungen einbezogen und mit verschiedenen methodischen Strukturen verbunden werden, beispielsweise nach einem Vortrag in Nachbarschaftsgruppen („Wo finden wir uns in dem Beitrag wieder – Was war neu oder überraschend?“) oder nach Kleingruppenergebnissen zu Strategien im Umgang mit kritischen Bildungsübergängen durch ein Rundgespräch im Plenum („Welche Strategien lassen sich dem Umgang mit Übergängen für die Bildungsberatung ableiten?“).

3.4.2 Kollegiale Beratung

Im Unterschied zum Kollegialen Austausch hat die Kollegiale Beratung eine spezifische Struktur. Der Kern der Methode entspricht dem, worum es in jeglicher Beratung im streng fachlichen Sinne geht, nämlich Einfälle und Erkenntnisse für das eigene Verstehen und Handeln zu entwickeln. Im Unterschied zu den Beratungssituationen im Handlungsfeld besteht hier das Besondere darin, dass die Unterstützung von einem Kollegen oder einer Kollegin geleistet wird und dass möglicherweise im Gegenzug dieser Person ebenfalls Hilfe und Anregungen gegeben werden (vgl. Knoll 2008).

Leistung der Kollegialen Beratung
Im Blick auf die Leistung und die Ziele der Kollegialen Beratung lassen sich drei Dimensionen unterscheiden:

Die **individuelle** Dimension → Hier geht es darum, für sich selbst und meist für das eigene berufliche Handeln Anregungen zu gewinnen oder Problemlösungen zu entwickeln.

Die **kommunikativ-interaktive** Dimension → Das bedeutet, Kommunikation zwischen Gleichgestellten zu fördern und die Kompetenzen der Einzelnen füreinander im Sinne eines kollegialen Verbundes fruchtbar zu machen.

Die **methodische** Dimension → zielt darauf ab, dass die Beteiligten durch eigene unmittelbare Erfahrung eine überschaubare methodische Struktur trainieren, die sie in der praktischen (Beratungs-)Arbeit und auch in Alltagssituationen ohne fremde Unterstützung einsetzen können.

Struktur der Kollegialen Beratung
Im Normallfall findet Kollegiale Beratung zwischen zwei Personen statt, die im gleichen Handlungsfeld, aber nicht unbedingt in derselben Einrichtung tätig sind. Bezogen auf die → Situation 1 kann die Spanisch-Dozentin mit einer Französisch-

Lehrerin aus ihrer Schule sprechen; beide sind im gleichen Feld (Sprachunterricht) tätig, beide haben in diesem Zusammenhang immer wieder mit individuellen Schwierigkeiten der Lernenden zu tun und beide finden sich deshalb immer wieder einmal in Situationen mit Beratungscharakter wieder.

Damit gegenseitige Anregung und wechselseitige Unterstützung tatsächlich geschehen können, bedarf es einer Struktur. Sie ist vor allem nötig, um neben dem Anfang ein eindeutiges Ende zu ermöglichen. Die wesentlichen Strukturelemente sind:

Individuelle Vorbereitung
Mindest eine der beiden Personen geht vorbereitet in das Gespräch. Es kann auch vereinbart werden, dass sich beide vorbereiten und sie nacheinander ihre Fälle bearbeiten.

Rollengleichheit mit Rollenwechsel
Beide Personen sind vom Status und vom großräumigen Tätigkeitsfeld her prinzipiell gleich. Sie unterscheiden sich in der konkreten Situation durch ihre Rollen, indem eine der beiden Personen eine eigene Situation mit Klärungsbedarf einbringt und die andere Person reagiert bzw. zurückfragt.

Knappe Zeit
Je Gesprächsgang sollten Sie 10 bis 20 Minuten einplanen; dann folgt der Rollenwechsel für den Fall, dass beide eine Situation bearbeiten wollen. Eine eher kurze Zeitdauer bewahrt das Gespräch davor, in einen allgemeinen Erfahrungsaustausch einzutreten oder im Problem zu versanden.

Diese Grundstruktur wird nun an →Situation 2 erläutert, wo es um die Frage „Abschlusskolloquium ja oder nein?" geht. Zur Erinnerung: Der Lehrgangsleiter ist von der Teilnehmerin angesprochen worden und hat mit ihr das Gespräch für den kommenden Tag vereinbart. Er hat eine Team-Kollegin darum gebeten, mit ihr am Tag zuvor über den Fall zu sprechen, weil er sich über das Ganze noch nicht richtig im Klaren ist.

1. Schritt: Zeit für sich
Im ersten Schritt sammelt der Kursleiter Einfälle zu dem bevorstehenden Gespräch mit der Teilnehmerin. Er hat von ihr in einer Andeutung gehört, worum es geht. Er überlegt, was für die Teilnehmerin wichtig sein könnte und was für ihn selbst wichtig ist (evt. auf eine persönliche Situation einzugehen, aber auch gleiche Bedingungen für alle aufrechtzuerhalten). Bei dieser Gelegenheit merkt er auch, dass Ärger in ihm über alle möglichen Sonderwünsche aufsteigt und er ein Emp-

finden hat in die Richtung: „Was denn noch alles..." Er hat eine Idee, wie er das Gespräch eröffnen könnte und macht sich zu allem Notizen.

2. Schritt: Gespräch zu zweit
Das Gespräch richtet sich nach folgender Struktur: Der Lehrgangsleiter (Person A) berichtet Gedanken und Einfälle. Die Team-Kollegin (Person B) hört aufmerksam zu, klärt durch Nachfragen, um besser zu verstehen, und steuert eventuell Einfälle bei, wie die Ideen zur Gesprächseröffnung gelingen könnten. Nach Ende der vereinbarten Zeit Minuten wird das Gespräch beendet – ganz gleich, wie weit es gekommen ist. Wenn ausgemacht wurde, dass beide einen Klärungsbedarf besprechen, ist nun die Kollegin dran, d.h. Person B berichtet Gedanken und Einfälle und Person A hört aufmerksam zu, klärt durch Nachfragen, um besser zu verstehen, steuert eventuell Einfälle bei, wie die Ideen zur Gesprächseröffnung gelingen könnten. Auch hier wird das Gespräch nach der vereinbarten Zeit beendet.

Die Anwendung eines solchen Vorgehens in der Beratungssituation ist meiner Erfahrung nach äußerst effektiv und ohne großen Aufwand zu organisieren. Voraussetzung ist allerdings die Bereitschaft, sich im kollegialen Rahmen zu öffnen und sich als jemand zu zeigen, der selbst Anregung und Unterstützung braucht.[2]

3.4.3 Praxisberatung in der Gruppe

Gleichsam eine Erweiterung aus Kollegialem Austausch und Kollegialer Beratung in dem eben dargestellten strengen Sinne stellt eine Arbeitsform dar, die mit „Praxisberatung in der Gruppe" bezeichnet wird und sich auf eine gemeinsame Arbeit von Kolleginnen und Kollegen bezieht. In der Fachliteratur finden sich dafür weitere Termini, wie etwa „Kollegiale Supervision" (Rotering-Steinberg 2005) oder „Kooperative Beratung" (Mutzeck 2005, darin auch „Kollegiale Supervision").

Leistung der Praxisberatung in der Gruppe
Die besondere Leistung von Praxisberatung in der Gruppe besteht in Folgendem:
- Es werden unterschiedliche Facetten einer Situation, einer Herausforderung, eines Problems sichtbar und spürbar.
- Es kommen verborgene, vorbewusste Aspekte bzw. Hintergründe ans Licht.
- Es tut sich eine Vielfalt von Handlungs- bzw. Lösungsmöglichkeiten auf.

2 Kollegiale Beratung lässt sich auch in der Fort- und Ausbildung von Mitarbeiter/inne/n mit Beratungsaufgaben einsetzen. Sie kann insbesondere die Schlussphase solcher Veranstaltungen über bloße Auswertung hinaus besonders ertragreich machen, indem sie den Transfer fördert (vgl. dazu Knoll 2008).

- Der Erfahrungsschatz einer Gruppe von Kolleginnen und Kollegen wird fruchtbar gemacht.
- Die gemeinsame Arbeit an einem individuellen Fall eröffnet zugleich Anregungen und Perspektiven auch für andere Handlungssituationen, so dass jedes Gruppenmitglied etwas von der Bearbeitung eines speziellen Falles hat.
- Die Methode stärkt das gegenseitige Vertrauen und die Verbundenheit in grundlegenden professionellen Orientierungen, so beispielsweise Perspektivwechsel vornehmen zu können.

Struktur der Praxisberatung in der Gruppe

Praxisberatung in der Gruppe hat eine bestimmte Schrittfolge, die in der Fachliteratur weitgehend ähnlich beschrieben wird. Die folgende Form stellt eine Integration dar, orientiert sich aber vor allem an der schon sehr früh von Betty Raguse-Stauffer und Hartmut Raguse (1980) vorgestellten Systematik. Wichtig ist, dass jeweils ein Kollege, eine Kollegin oder ein Mitglied der Gruppe die Struktur in Obhut nimmt, d.h. darauf achtet, dass die Regeln und Zeiten eingehalten werden, und moderiert. Die Arbeit kann aber auch von einer Person angeleitet werden, die nicht der Gruppe angehört. Diese Person eröffnet und beschließt auch die Sitzung.

Folgende Phasen haben sich bewährt:

1. Situationsschilderung (Dauer: ca. 10 Min.)
Ein Gruppenmitglied berichtet eine Situation bzw. ein Problem aus der Praxis, das sie oder ihn besonders beschäftigt. Es ist hilfreich, wenn der Bericht möglichst lebendig, d.h. mit gefühlsmäßigen Reaktionen und Befindlichkeiten, in die Gruppe eingebracht wird. Dies kann dadurch gefördert werden, dass darum gebeten wird, aus dem Fall eine Situation, die erst kürzlich passiert ist, herauszugreifen und in der Gegenwart zu erzählen.
Grundregeln: Die/der Berichterstatter/in spricht als Einzige/r. Er/sie wird nicht unterbrochen. Die Gruppe hört aufmerksam zu, achtet auf Stimme, Tonfall, Haltung (Körpersprache), Reihenfolge der Informationen und auf die Empfindungen, die beim Hören innerlich entstehen. Die erste Phase endet mit der Frage: „Was möchtest Du bzw. möchten Sie mit unserer Hilfe bearbeiten?“ oder „...geklärt bekommen?“

2. Informationsfragen (Dauer: ca. 10 Min.)
Diese Phase gibt den Teilnehmenden die Möglichkeit, über Nachfragen ihre eigene Vorstellung vom Fall zu erweitern, Unklarheiten und Unverständlichkeiten

zu vermindern und Aspekte des Falls zu erfragen, die vom Erzähler bzw. von der Erzählerin noch nicht zur Sprache gebracht wurden.
Grundregel: Die Gruppe stellt ausschließlich Informations- und Verständnisfragen zur Situation. Es sind keine Diskussionen und keine versteckten Deutungen erlaubt. Also etwa: „Wie war das...?" Nicht aber: „Warum hast du...?" oder „Warum hast du nicht...?" oder „Haben Sie schon einmal daran gedacht, dass...?"

3. Einfälle der Gruppe (Dauer: ca. 20 Min.)
Die Gruppenmitglieder tragen ihre Einfälle, Vorstellungen, Fantasien, eigenen Erfahrungen zusammen. Sie äußern sich beispielsweise, indem
- die Gefühle und die Fantasien offen ausgesprochen werden, die der Fall bzw. dessen Darstellung bei den einzelnen Teilnehmenden ausgelöst hat;
- die eigenen Erfahrungen, die durch den Fall angesprochen und wachgerufen wurden, deutlich gemacht werden;
- sie sich mit einzelnen an der Fallsituation beteiligten Personen identifizieren.

Zur Einleitung empfehlen sich Fragen wie: „Was war die erste Reaktion beim Hören des Berichts?" Oder: „Welches Gefühl geht jetzt noch nach?"
Die Identifikation kann folgendermaßen angeleitet werden:
„Bitte versetzen Sie sich jetzt in den schwierigen Teilnehmenden/Gesprächspartner/Klienten…"
„Was empfindet, was fühlt er/sie?"
„Was geht in ihm/ihr vor?"
„Bitte drücken Sie das, was in Ihnen aufsteigt, in der Ich-Form aus!"
Oder: „Bitte versetzen Sie sich jetzt in den Berichterstatter bzw. in die Berichterstatterin..."
„Was empfindet, was fühlt er/sie?"
„Was geht in ihm/ihr vor?"
„Bitte drücken Sie das, was in Ihnen aufsteigt, in der Ich-Form aus!"
Grundregel: Der/die Berichterstatter/in schweigt. Das heißt, er/sie hält sich während dieser Zeit vollständig zurück, auch wenn es schwerfällt, nicht sofort etwas richtigstellen zu können. Er/sie konzentriert sich darauf, alles aufzunehmen, was der Gruppe einfällt. Die Anleitung hierzu sollte nicht als Anweisung formuliert werden („Sie dürfen ab jetzt nichts mehr sagen..."), sondern als Einladung zum neugierigen Erleben: „Sie können sich jetzt zurücklehnen und einfach mal schauen, was passiert. Und wenn Sie etwas hören, was Ihnen merkwürdig vorkommt oder nicht passt, dann lassen Sie es einfach laufen – so unter dem Aspekt: Interessant, was es alles gibt..."

4. Rückmeldung (Dauer: ca. 10 Min.)
Der/die Berichterstatter/in teilt der Gruppe mit, was er/sie von den vorgebrachten Ideen und Fantasien für sich verwenden kann oder möchte und was nicht. Helfende Fragen können sein:
„Wie ging es Ihnen, als Sie die Einfälle und Fantasien hörten?"
„Was war für Sie interessant oder neu?"
„Was können Sie nachvollziehen und was nicht?"
„Welche Anregung nehmen Sie mit?"
Grundregel: Die Gruppe hört schweigend zu.

5. Abschluss (Dauer: ca. 5 Min.)
Es empfiehlt sich, die Praxisberatung mit der vierten Phase zu beenden, auch wenn dies den Teilnehmenden manchmal schwerfällt, weil „noch viel zu sagen wäre". Der bewusste Abschluss mit der Rückmeldung des Berichterstatters hat seinen Sinn darin, dass die Freiheit der Stellungnahme und Auswahl durch den Berichterstatter deutlich betont wird und ein Ausufern in Diskussionen über „richtig" und „falsch", in Ratschläge usw. verhindert wird.

Falls Fallerzähler/in und die übrigen Teilnehmenden der Gruppe dennoch miteinander ins Gespräch kommen, empfehlen sich strikte Zeitbegrenzung (auf etwa 10 Min.) und gegebenenfalls die Erprobung alternativer Handlungsformen, z.B. durch Rollenspiel. Hier werden zukünftige Situationen simuliert, etwa ein Gespräch mit der Person X am nächsten Tag. Diese Rollenspielsequenz sollte kurz sein und auf der Grundlage der vorherigen Fallbesprechung ausgewertet werden.

Praxisberatung in der Gruppe als Trainingsraum für Beratung
Die enge, wechselseitige Verknüpfung zwischen Bildungsberatung und pädagogisch-didaktischer Arbeit im Rahmen von Praxisberatung wurde bereits zu Beginn des Abschnitts 3.4 angesprochen. Dies lässt sich nach der Erarbeitung der Struktur nun noch verstärken. In der gemeinsamen Erschließung eines Falles können alle Leitenden Orientierungen und Interventionen zum Zuge kommen, die im alltäglichen Beratungsgespräch angewandt werden, zum Teil allerdings in einer gruppenspezifischen Erweiterung. Insofern stellt Praxisberatung in der Gruppe aus dem Feld von Bildungsberatung allgemein und Beratung in der Erwachsenenbildung einen attraktiven Trainingsraum dar, die eigene Wahrnehmung und Fähigkeit zur Gestaltung von Beratungsprozessen zu fördern und weiterzuentwickeln.

Die folgende Übersicht 5 soll diese Sicht verstärken. Sie verbindet die Leitenden Orientierungen und Interventionen, die bisher vornehmlich für die Einzelberatung erarbeitet worden sind, jeweils mit Umsetzungsmöglichkeiten für die Praxisberatung in der Gruppe.

Übersicht 5: Leitende Orientierungen und Interventionen für die Praxisberatung in der Gruppe

Einzelberatung	Praxisberatung in der Gruppe
	Leitende Orientierungen
Prozessorientierung	Die Phasen enthalten folgende Schritte: (1) Situationsschilderung, (2) Informationsfragen, (3) Einfälle der Gruppe, (4) Rückmeldung, (5) Abschluss. Sie spiegeln damit Brennpunkte jedes Beratungsgesprächs wider, die allerdings in der Einzelberatung nicht linear aufeinander folgen, sondern sich miteinander abwechseln, sich „wendeltreppenartig" wiederholen oder in einer Pendelbewegung (z.B. zwischen 1 und 2) zueinander verhalten können.
Situationsorientierung	Beide Orientierungen werden durch die Phasen 1 und 2 ausdrücklich und ausführlich realisiert.
Problemorientierung	
Zielorientierung	Diese Orientierung wird ausdrücklich eingebracht und der Person anheimgestellt, die einen Fall einbringt: „Was möchtest Du/möchten Sie mit unserer Hilfe bearbeiten?" oder „... geklärt bekommen?"
Ressourcen-orientierung	Die Teilnehmenden der Praxisberatung erfahren sich selbst als einfallsreich und produktiv.
Finale Orientierung	Diese Orientierung schlägt sich in der ausdrücklichen Formulierung von Zielzuständen nieder, z.B. als eine Arbeitsfrage an die Gruppe seitens der Leitung: „Angenommen, der Berichterstatter kommt mit diesem Ratsuchenden wieder klar. Wie sieht das ganz konkret aus?" Oder: „Was wäre denn das Schönste, was passieren könnte? Was würde Sie so richtig glücklich machen?"
Ambivalenzen herausarbeiten und offenhalten	Diese Orientierung wird im Wesentlichen durch die Identifikation mit unterschiedlichen bis gegensätzlichen Elementen des Falles, vor allem aber der Bericht erstattenden Person selber verwirklicht, z.B.: „Bitte versetzen Sie sich jetzt in die ärgerliche Seite des Berichterstatters (bzw. der Berichterstatterin): Was empfindet, was fühlt er/sie? Was geht in ihm/ihr vor? Bitte drücken Sie das, was in Ihnen aufsteigt, in der Ich-Form aus." Nach einer Reihe von Äußerungen: „Und jetzt bitte die wohlwollende und neugierige Seite: Was empfindet, was fühlt er/sie? Was geht in ihm/ihr vor? Bitte drücken Sie das, was in Ihnen aufsteigt, wieder in der Ich-Form aus."
Definitionsvorgänge offenhalten	Diese Orientierung kommt hauptsächlich in der ausführlichen Phase 4 zum Tragen, in der Gruppenmitglieder ihre Einfälle, Vorstellungen, Fantasien, eigenen Erfahrungen usw. zusammentragen und sich äußern, indem sie ihre Gefühle und die Fantasien aussprechen, die der Fall bzw. dessen Darstellung bei Ihnen auslöst; die eigenen Erfahrungen, die durch den Fall angesprochen und wachgerufen wurden, deutlich machen; sich mit einzelnen an der Fallsituation beteiligten Personen identifizieren.
	Standard-Interventionen
Zuhören	Diese Interventionen werden trainiert: gegenüber der Person, die einen Fall/ein Problem einbringt, in der Phase 1 und 2, und gegenüber den mitwirkenden Kolleg/inne/n in Phase 3.
Fragen	
Aussprechen lassen	
Paraphrasieren	Der Zugang zu dieser Intervention geschieht eher indirekt (z.B. durch Identifikationen).
Empfindungen verbalisieren	Die Anregung, Empfindungen bzw. Gefühle zu formulieren, die der Fall auslöst, kann häufig am Anfang der gemeinsamen Arbeit stehen: „Sie haben jetzt den Bericht und die Informationen gehört. Bitte spüren Sie mal nach, was das in Ihnen auslöst: Welche Empfindungen und Gefühle Sie dabei haben. Bitte keine Überlegungen, sondern wirklich Ihre Gefühle..."

Strukturieren	Der Gesamtablauf der Praxisberatung in der Gruppe stellt eine Übungsmöglichkeit für die Entwicklung einer strukturierenden Sicht dar.
Komplexe Interventionen	
Visualisieren	In der Praxisberatung in der Gruppe eröffnen sich über das Aufzeichnen von Konstellationen hinaus noch weitere Möglichkeiten der Veranschaulichung. *Veranschaulichen mit Gegenständen:* „Hier sind ein paar Gegenstände (z.B.: Schlüsselbund aus der eigenen Tasche, Päckchen, Papiertaschentücher, Kugelschreiber usw. – was zur Hand ist). Ich lege die jetzt einfach in die Mitte. Nehmen Sie nun diese Gegenstände und markieren Sie damit hier auf dem Boden die Personen und Sachverhalte, um die es in dem Fall geht: wie nahe oder wie fern sie zueinander sind, wo sie zusammenhängen usw. Wenn bitte einfach jemand anfängt..." Wenn die Konstellation erstellt ist: „Entspricht das jetzt dem, was wir gehört haben?" „Was fällt uns auf?" Oder: „Hat jemand noch eine andere Idee?" Nach einigem Ausprobieren, bis alle zufrieden sind: „So, und jetzt lasst uns mal eine Veränderung vornehmen, von der wir vermuten: Die bringt was..." *Veranschaulichen mit Personen:* Nach der gleichen Grundstruktur wird die Situation des Falles durch Personen aus der Gruppe im Raum dargestellt: „Wir haben ja alle gehört, welche Personen und Sachverhalte in dem Fall vorkommen." „Wer übernimmt mal bitte den XY, wer den MN, wer den anonymen Vorstand (am besten drei...)" usw. „Nun stellen Sie sich bitte schweigend vor, wie der Fall aussieht... Sie können sich ruhig Zeit lassen, das zu entwickeln, aber tun Sie es bitte, ohne zu sprechen." Wenn die Konstellation „steht": „Entspricht das jetzt dem, was wir gehört haben?" „Was fällt uns auf?" Oder: „Hat jemand noch eine andere Idee?" Hier geht es darum, von außen die Personen verändern, aber ohne „Gewaltanwendung". Nach einigem Ausprobieren, bis alle zufrieden sind, an die Personen gerichtet, welche die Konstellation darstellen: „So, jetzt nehmen Sie bitte eine Veränderung vor, von der Sie spüren: Die bringt was..."
Perspektivwechsel	Zentral für das Training dieser komplexeren Intervention sind die Identifikationen: ...mit der Person, die den Fall eingebracht hat: „Bitte versetzen Sie sich in XY und in die Situation, die er bzw. sie eben erzählt hat. Was geht da innerlich vor? Bitte sprechen Sie in der Ich-Form, also ‚ich empfinde' oder ‚ich würde am liebsten' und so weiter." Das lässt sich im Laufe der Arbeit noch verstärken, z.B.: „Wenn Sie sich bitte in XY hineinversetzen: Was geht in ihr/in ihm vor, was Sie niemals öffentlich sagen würden? Bitte sprechen Sie in der Ich-Form..." ...mit der Person, mit der der/die Berichterstatter/in im Fall zu tun hat: „Frau oder Herr XY hat von der Situation mit NN berichtet ..." Oder: „In dem Bericht von XY geht es ja um NN. Bitte versetzen Sie sich in ihn hinein. Stellen Sie sich vor, Sie sind diese/r... Klient/in oder Kollege/Kollegin... Was geht in Ihnen vor? Bitte sprechen Sie in der Ich-Form, also ‚ich empfinde' oder ‚ich würde am liebsten' und so weiter."

	Falls es sich um mehrere Personen handelt (z.B. ein Team, eine Klasse, ein Vorstand), empfiehlt es sich, aufgrund der Informationen in der Phase 2 eine Person herauszugreifen; es ist aber auch möglich, zur Identifikation mit der ganzen Bezugsgruppe aufzufordern: „Stellen Sie sich vor, wir alle sind dieses Team oder die Klasse oder der Vorstand. Was geht in uns vor?" Auch hier empfiehlt sich der Hinweis, in der Ich-Form zu sprechen.
Außensicht	Das Training dieser Intervention wird durch zwei Akzentuierungen gefördert: ...den fremden Blick: „Jetzt versetzen wir uns mal in die Lage von jemand ganz Fremdem, der oder die mit dem Fall bisher noch gar nichts zu tun hatte und sehen uns die Situation von außen an: Was fällt uns da auf?" (Das lässt sich verstärken durch tatsächliche Position von außen, d.h. aufstehen, hinter den eignen Platz treten und aus dieser Sicht sprechen.) Zur Erläuterung: Im Unterschied zu dem nachfolgend genannten „Expertenblick" handelt es sich hier um den „naiven Blick", so wie ihn ein Kind oder jemand aus einem völlig anderen Handlungsfeld oder aus einem anderen Land haben könnte; hier kann also die Verwunderung, die Wahrnehmung des Merkwürdigen usw. im Vordergrund stehen. Die Person, die den Fall einbringt, wird gebeten, aus dem Kreis noch weiter herauszurücken und sich alles von ganz außen anzuschauen und anzuhören. ...den Expertenblick: „Jetzt schalten wir mal unseren Expertenblick ein und betrachten den Fall ganz kühl. Was fällt uns da auf? Was sagen wir dazu?" (Evtl. auch hier verstärken durch tatsächliche Position von außen, d.h. aufstehen, hinter den eignen Platz treten und aus dieser Sicht sprechen.) Zur Erläuterung: Im Unterschied zu dem vorher genannten „fremden Blick" handelt es sich hier um die diagnostische Sicht aus dem jeweiligen Handlungsfeld, also in einer Gruppe von Mitarbeiter/inne/n mit Beratungsaufgaben um die hier vorhandene Professionalität, die sich in einer klaren Beschreibung und Analyse ausdrücken kann.

Diese Übersicht zeigt, dass sich sowohl die Leitenden Orientierungen als auch die Interventionen in der Beratung zwischen Kolleginnen und Kollegen in der Gruppe interessant konkretisieren. Hier können Herausforderungen und Themen aus der Bildungsberatung auf die eigene Situation bezogen und insofern vertieft werden. Es werden persönliche Ressourcen spürbar. Aspekte der individuellen Praxis und Erfahrungen kommen zum Tragen. Eigene Ideen zur Umsetzung werden lebendig. Dies alles geschieht nicht abgehoben und einsam, sondern verknüpft mit unterstützenden Reaktionen von Kollegen und Kolleginnen. Dies wirkt wiederum anregend weiter auf diejenigen Personen, mit denen die Mitarbeiter/innen ihrerseits in Beratungssituationen arbeiten. Die Beratung zwischen Kolleginnen und Kollegen bietet also die große Chance des Lernens am Modell. Sie ist somit ein Möglichkeitsraum für Entwicklung und Lernen zugunsten von Beratung.

Anregungen zur Reflexion

Vergegenwärtigen Sie sich bitte die Situation, in der Sie in der Bildungsarbeit bzw. im Feld von Bildungsberatung tätig sind. Lassen Sie sich Situationen einfallen, in denen tätigkeitsbezogene Beratung zwischen Kolleginnen und Kollegen stattfindet. Ordnen Sie diese Situationen auf einer Skala ein zwischen den Endpunkten „völlig informell" (in der Pause, auf dem gemeinsamen Heimweg usw.) bis hin zu „formell" (kontinuierliche Praxisberatung in der Gruppe).

Prüfen Sie, ob in regelmäßig bestehenden Zeitfenstern (z.B. Dienstbesprechungen, Fachbereichskonferenzen) Elemente von Beratung zwischen Kolleginnen und Kollegen vorkommen. Nutzen Sie für diese Bestandsaufnahme den Differenzierungsvorschlag zu Beginn des Abschnittes 3.4 und prüfen Sie bei dieser Gelegenheit, ob er für Ihre Situation aussagekräftig ist.

4. Therapie und Beratung – Auf getrennten Wegen in einem Boot

In den beiden vorangegangenen Kapiteln wurden wiederholt Aussagen entwickelt und Begriffe verwendet, die an Therapie erinnern. Deshalb – und nicht zuletzt auch grundsätzlich – lohnt es, sich mit dem Verhältnis zwischen Beratung und Therapie zu befassen. Hierzu werden die folgenden Überlegungen angeboten. Als Einleitung möchte ich eine Situation aus einem benachbarten Feld der Bildungsberatung schildern, um anschließend daran die Frage nach der Verhältnisbestimmung zu konkretisieren.

Frau M. setzt sich und atmet einmal tief durch: „Also, es ist mir sehr schwergefallen, hierher zu kommen. Aber Frau C. hat gesagt, ich soll unbedingt zu Ihnen gehen. Als ich sie neulich fragte, ob Sie überhaupt noch Zeit für ein Gespräch haben, da hat sie mir einfach einen Termin gegeben, und da konnte ich nicht mehr anders. Und jetzt bin ich da."

Ihr gegenüber sitzt der Studienberater der Fakultät und schaut sie an: „Na, ist doch gut, dass Sie gekommen sind. Und was ist daran so schwer?"
„Jetzt, wo ich da bin, ist es eigentlich gar nicht so schwer. Aber vorher..."
„Vorher...?"
„Na ja, in den letzten Wochen. Ich habe nur noch Panik. In acht Wochen muss ich abgeben. Ich habe gelesen und gelesen und habe ganz viel im Kopf. Wenn ich mich mit Leuten darüber unterhalte, kann ich es auch ganz glatt erzählen. Die verstehen es sogar. Aber ich kriege es nicht aufs Papier. Wenn ich vor dem Computer sitze, fällt mir nichts mehr ein. Überhaupt nichts. Das geht schon seit Wochen so. Ich bin deshalb auch nicht mehr ins Kolloquium gegangen. Mein Betreuer hat schon nachgefragt, aber ich habe einfach nicht geantwortet. Als er anrief und ich seine Nummer sah, habe ich nicht abgenommen. Ich wollte nicht darüber reden. Das hätte mich nur noch mehr fertiggemacht."
„Und jetzt?"
„Jetzt geht es nicht mehr anders. Allmählich drehe ich durch. Es wird immer schlimmer. Jetzt brauche ich irgendeine Hilfe..."
„...Hilfe?"
„Ja, irgend etwas, damit ich meine Arbeit fertigbringe. Einen Anhaltspunkt, einen Tipp – ach, ich weiß auch nicht..." Sie stützt den Kopf in beide Hände und schweigt.

Ihr Gesprächspartner schaut sie eine Weile an. „Was ist jetzt?"
Sie schreckt hoch. „Jetzt? Es strudelt. Im Kopf geht alles durcheinander, und dann weiß nicht mehr weiter. Es ist genauso wie vor dem PC. Ende, nichts mehr."

Im weiteren Verlauf erzählt sie von den Techniken, die sie entwickelt hat, um sich die Erinnerung an die Arbeitsanforderung vom Leibe zu halten, um sich abzulenken, um nicht dauernd daran denken zu müssen, dass sie „eigentlich" an der Diplom-Arbeit sitzen sollte. Sie berichtet auch, dass sie solche Situationen schon früher erlebt hat, aber da waren die Anforderungen bescheidener und sie habe es deshalb geschafft. Nun aber sei die Schwelle unüberwindlich geworden.

Das Gespräch führt zu einem doppelten Ergebnis: Sie wird therapeutische Hilfe Anspruch nehmen („...ich habe auch schon dran gedacht, mich aber nicht getraut, ich habe Angst, dass ich dann höre, ich bin verrückt..."). Und sie wird noch einmal zum Studienberater kommen und ihm alles mitbringen, was sie bisher notiert und aufgeschrieben hat („...aber das sind lauter Einzelzettel", warnt sie ihn. „Ist doch prima", antwortet er, „dann lassen sie sich gut sortieren"). Die Vereinbarung lautet, dass sie diese Zettel auf dem großen Tisch im Büro ausbreitet und mit seiner Hilfe schaut, was sich daraus als Ordnung und Perspektive für die weitere Arbeit ergibt.

Nachtrag: Diese Vereinbarung wurde – mit einer kleinen zeitlichen Verzögerung – eingelöst. Die Gesprächspartnerin war erleichtert, durch die begonnene Psychotherapie einen Platz gefunden zu haben – „für mich selbst", wie sie sagte, nachdem sie bisher in der Sorge für verschiedene Mitglieder ihrer Herkunftsfamilie voll aufgegangen war. Und sie war neugierig geworden, wie die aus der Zettel-Wirtschaft herausgefilterte innere Ordnung sich in einen Text fassen lässt, für dessen Abfassung sie einen Verlängerungsantrag stellte. Die Arbeit wurde dann auch wirklich abgegeben.

Diese Situation aus dem „wirklichen Leben" macht die Relationalität von Therapie und Beratung in zweierlei Weise sichtbar: als Verwandtschaft miteinander genauso wie als Abgrenzung voneinander. Bevor dies im Folgenden weiter ausgeführt wird, will ich erläutern, warum eine Bestimmung des Verhältnisses sinnvoll ist.

4.1 Zur Notwendigkeit der Verhältnisbestimmung zwischen Therapie und Beratung

Wer beraterisch tätig ist, hat immer wieder mit so genannten Problemen zu tun. Menschen haben Schwierigkeiten und suchen nach einer Lösung. Sie sprechen dies zwischen Tür und Angel an oder suchen entweder eine Einrichtung mit leichtem Zugang, etwa einen „Lernladen", oder aber eine Beratungsstelle auf. Im Lernladen ist die Zugangsschwelle allemal niedriger als beim Psychotherapeuten mit kupfer-eloxiertem oder weiß-emailliertem Praxisschild, der möglicherweise noch eine Überweisung verlangt. Ganz abgesehen von der Befürchtung, für „verrückt" gehalten zu werden – oder sich selbst dafür zu halten –, wenn der Weg in eine solche Praxis führt, so wie es in der oben genannten Situation als Andeutung mitschwingt. Was als Problemstellung eingebracht wird oder sich im Laufe der Zeit eröffnet, ist also im Alltag von Beratungshandeln und Psychotherapie nicht selten ähnlich. Beide haben mit dem Leben zu tun, mit dessen oftmals gewundenen und merkwürdigen Entwicklungen und Verwicklungen, die sich im Wechselspiel von Biographie und aktueller Umwelt ereignen. Beide werden von dem Bestreben getragen, einen Raum für Klärung und Veränderung anzubieten. Beide wollen ein Dasein fördern, das eine freie Entfaltung der individuellen Kräfte ermöglicht, statt sie in Verstrickungen und undurchschaubaren Engpasssituationen zu verschleißen wie in dem eingangs skizzierten Fall. Beide setzen Professionalität voraus. Deren wesentliches Element ist hier wie da die Reflexivität, d.h. die Fähigkeit zur Wahrnehmung des eigenen Verhaltens und der Prozesse im Beratungs- oder Therapiegeschehen, verknüpft mit bewusst verarbeiteten Erfahrungen und dem Hintergrundwissen, das aus Erfahrung und aus der Aus- und Fortbildung erwächst.

In alldem sind Therapie und Beratung gleichsam „Geschwister" mit gemeinsamem „familiärem" Hintergrund, mit gemeinsamem Grundlagenwissen und gemeinsamen Haltungen und Handlungsformen. Dennoch sind sie nicht völlig gleich, wie „Zwillinge", sondern durchaus voneinander zu unterscheiden. Das betrifft ihre Leitenden Orientierungen. Wie der Fall am Anfang zeigt, kann Beratung explorieren („Was ist so schwer…?"), kann sie die Selbstartikulation fördern („… sonst drehe ich durch"), kann sie im Rahmen der aktuell vorhandenen Erkenntnis- und Handlungsmöglichkeiten Bewältigung anregen, kann sie unterstützen und auch anleiten (...dass sie diese Zettel auf dem großen Tisch im Büro ausbreitet und ... schaut, was sich daraus als Ordnung ergibt). Derartig wichtige Leistungsmöglichkeiten der Beratung bestimmten zugleich ihre Grenze. Diese liegt in der Aufarbeitung der Tiefendimensionen so genannter Probleme, also dessen, was lebensgeschichtlich und psychodynamisch im Hintergrund liegt und das Erleben und Verhalten bestimmt, ohne bewusst zu sein. Im Falle der Studentin war dies eine Gemengelage aus ihrer endgültigen Verweigerung der seitens ihrer Eltern und Geschwister gestellten Forderung, als lebenslanges Bindeglied für die elterliche Ehe und der Familie insgesamt zu fungieren, und ihrer Tendenz zur Selbstzerstörung (in der Gefährdung des Studienabschlusses) als Geste der Unterwerfung unter die von ihr erwartete Bestrafung durch das „System Familie" für eben die Verweigerung. Die Komplexität dieses Falles ist im Kontext von Studien- bzw. Bildungsberatung ein kaum aufzuarbeitender Zusammenhang. Wenn der vorsichtig zu gebrauchende Begriff „Störung" angebracht ist, dann hier. Es geht um Erlebnisverarbeitung, Wahrnehmung und Handlungen, die durch geronnene Erfahrungen und vielfaches Wiederholen gleichsam gebunden oder sogar gefesselt sind. Sie schränken den Menschen ein und beeinträchtigen ihn. Dieser Person individuelle Freiheit und persönliche Erlebnisfähigkeit zurückzugeben, ist Sache der Psychotherapie. Sie hat – je nach systematischem Modell – spezifische Interventionsformen und einen eigenen Zeitbedarf, der sich nach dem Verfahren richtet, aber auch nach äußeren Gegebenheiten, z.B. nach den Modalitäten einer Kassenabrechnung.

Das Verhältnis zwischen Beratung und Therapie zu bestimmen, ist vor allem nötig, um die Reichweite des eigenen Handelns zu erkennen und die eigenen Leistungs*möglichkeiten* und Leistungs*grenzen* wahrzunehmen. Dies bewahrt davor, sich selbst unerfüllbare Erwartungen aufzulasten oder von einer anderen Person zu übernehmen. Es eröffnet zugleich – wie die Nachbemerkung im oben genannten Fall zeigt – Möglichkeiten, zumindest indirekt voneinander zu profitieren. Und da dienen Beratung und Therapie wirklich je auf ihre Weise dem Leben – und sind somit eben „Lebensgeschwister".

4.2 Zusammenhänge zwischen Beratung und Therapie

Im vorangegangenen Abschnitt wurde auf Zusammenhänge zwischen Beratung und Therapie verwiesen: Es gibt gemeinsame Hintergrundmodelle, gemeinsames Grundlagenwissen, gemeinsame Haltungen und Handlungsformen. Einige Gemeinsamkeiten können hier noch weiter konkretisiert werden.

Sie beziehen sich zum einen auf die Anlässe und Gründe, Therapie oder Beratung aufzusuchen. Diese sind generell in persönlichen Schwierigkeiten (die auch materiell begründet sein können, z.B. durch Verlust des Arbeitsplatzes), in Erlebnisstörungen (z.B. angesichts von Anforderungen oder in bestimmten Situationen) oder in gesellschaftlichen Anforderungen begründet (z.B. Notwendigkeit des Ortswechsels oder der Umschulung). Die konkrete Ausprägung dieser

Schwierigkeiten und des individuellen Umgangs damit sind dann maßgeblich dafür, ob für eine Verarbeitung und Bewältigung die Leistungsmöglichkeiten der Beratung ausreichen oder wegen der mitwirkenden Tiefendimension eine Therapie angezeigt ist (so im Fall einer „Störung").

Die Gemeinsamkeiten beziehen sich zum anderen auf das Ziel. Es geht beiden um die Entwicklung von Wahrnehmungs-, Erlebens- und Handlungsfähigkeit eines selbstständigen Individuums. Das bedeutet zugleich Änderung des Verhaltens gegenüber sich selbst und anderen. Beratung und Therapie wollen solche Verhaltensänderung ermöglichen und freisetzen.

Weitere Gemeinsamkeiten liegen in grundlegenden Orientierungen, nämlich

- das Gegenüber in seiner lebensgeschichtlich entstandenen Eigenheit zu verstehen, was bedeutet, sich in die Perspektive der anderen Person hineinversetzen zu können;
- die je eigenen Gründe der anderen Person und die Strukturen, in denen sie handelt, zu verstehen;
- die Interaktionen, in denen die andere Person steht, nachzuvollziehen;
- sich selbst und den Prozess der Beratung oder Therapie wahrzunehmen und zu reflektieren.

Dabei klingt das Wort „verstehen" so einfach, hat aber, als Prozess verstanden, eine komplexe Bedeutung: Das fortwährende Hin und Her, wir können auch sagen, der beständige Zirkel aus Wahrnehmung, eigener Reaktion und erneuter, davon mitbestimmter Wahrnehmung und wiederum neuerlicher Reaktion, etwas oder jemanden zu verstehen, setzt voraus, sowohl eine Gesamtsicht zu entwickeln, und zwar, weil jegliche Anstrengung den Wahrnehmungsfächer einschränkt, ganz unangestrengt, als auch gezielt auf Einzelheiten zu fokussieren, wenn dies nötig ist, aber nur da. Dies zu erkennen, setzt wiederum die Gesamtsicht voraus.

Angesichts dieses Anspruchs sitzen Berater/innen und therapeutisch tätige Personen in einem Boot. Und wenn es gut geht, dann rudern sie gemeinsam, d.h. im synchronen Takt.

4.3 Unterschiede zwischen Beratung und Therapie

Im Abschnitt 4.1 wurde darauf hingewiesen, dass Beratung den Vorgang der Selbstartikulation fördern und Bewältigung anregen, unterstützen und auch anleiten kann. Dem gegenüber wurde als Leistungsmöglichkeit von Therapie die Aufarbeitung der Tiefendimensionen von Problemen, d.h. Störungen in Erlebnisverarbeitung, Wahrnehmung und Handeln, genannt. Dieser Unterschied folgt aus der Charakteristik der Grundsituation, in der sich die Menschen jeweils befinden. Sind sie in der Lage, ihre Lebenssituation eigenständig zu gestalten und die volle Verantwortung für ihr Handeln zu übernehmen, erscheint Beratung angemessen. Sind sie hingegen in einen Prozess verwickelt, der sie in der Gestaltung ihres Lebens und in der Steuerung ihrer Handlungen beeinträchtigt, dann geht es wohl eher um die zuvor genannte Tiefendimension, die einer Aufarbeitung bedarf, und zwar in einer Therapie. Je nach Grundsituation kann es nötig sein, getrennte Wege einzuschlagen, die sich auf das jeweils gegebene Ziel ausrichten, so wie im Eingangsbeispiel die Therapie sich dem Hintergrund der Arbeitsstörung zuwendet und die Beratung von der Artikulationshilfe zur Anleitung auf der Ebene der alltäglichen Arbeitssituation übergeht.

Die vorsichtige Ausdrucksweise sowohl im Blick auf Beratung als auch auf Therapie soll darauf aufmerksam machen, dass das Leben und seine Ausdrucksformen vieldeutig sind: Ausgeprägte Kontrolle und Steuerung des Lebens kann eine tiefe Störung im Hintergrund haben. Ebenso kann ein zeitweiliger Verlust von Steuerungsfähigkeit eine sehr gesunde Reaktion des Selbsterhalts und Zu-sich-Kommens sein. Deshalb sind rasche Zuschreibungen – hier „Beratung“, da „Therapie“ – mit Vorsicht zu genießen.

Die Unterschiede zu bezeichnen, bedeutet also nach der bisherigen Verhältnisbestimmung eine eher graduelle Markierung auf einer Skala mit den beiden Endpunkten „Therapie“ und „Beratung“. Ein treffendes Beispiel hierfür ist der Begriff und Sachverhalt „Leidensdruck“. Herkömmlicherweise lässt Leidensdruck eine Therapie angezeigt erscheinen. Allerdings kann Leidensdruck auch Ausdruck von „normalem Leid“ sein, das in bestimmten Lebenssituationen eine gesunde Reaktion darstellt und deshalb durchaus in eine Beratung führen kann, z.B. aufgrund von Berufsunzufriedenheit, materiellen Engpässen oder Beziehungsnot.

Spezifisch für Beratung – und besonders für Bildungsberatung in der Erwachsenenbildung – sind Zugangsgründe, die mit Neugier und Veränderungsinteressen zu tun haben (etwas Neues machen zu wollen; eine Ausbildung oder einen Abschluss nachholen zu wollen; eine vermutete Fähigkeit endlich herauszuarbeiten; einen erweiterten Lebensspielraum zu erringen etc.), also all jene Veränderungsgründe, die auf Entfaltung und inneres Wachstum ausgerichtet und wertvolle Voraussetzungen für Bildung und Lernen darstellen.

Gerade für Bildungsberatung und Beratung in der Erwachsenenbildung kommt außerdem der Informationsbedarf hinzu, der in einer Therapie auch auftauchen kann, aber niemals Ausgangspunkt ist. Für die Beratung erwächst daraus allerdings die Herausforderung, die Wünsche in Richtung Anleitung oder Problemlösung wahrzunehmen, die im Informationsbedürfnis eventuell verborgen sind.

Und spätestens hier wird die professionelle Anforderung deutlich, die im „und" der Überschrift zu diesem Kapitel liegt: Wer beraterisch tätig ist, sollte sich selbst sowie die eigenen Handlungsmöglichkeiten so gut kennen und zugleich soviel vom therapeutischen Feld wissen, dass er oder sie rechzeitig die Grenzen wahrnimmt und weiterverweist. So lehrt nicht nur das Leben, sondern auch die professionelle Praxis, dass sich um des Menschen willen manchmal die Wege trennen müssen.

Anregungen zur Reflexion

Bitte wenden Sie sich nochmals dem Fall am Anfang dieses Kapitels zu. Prüfen Sie, wo Sie in der Situationsschilderung Anhaltspunkte sehen, dass die Beratung hier möglicherweise an ihre Grenzen kommt. Markieren Sie diese Stellen.

In dem Fallbeispiel wechselt der Berater die Handlungsform: Er geht vom Beraten zum Anleiten über. Machen Sie sich ein Bild von der Angemessenheit dieses Wechsels.

Erinnern Sie sich bitte, ob Sie selbst schon einmal den Gedanken hatten, eine Beratung oder eine Therapie in Anspruch zu nehmen, und was dafür der Anlass war.

5. Hintergrundmodelle für die Bildungsberatung – Hilfe zur Verortung und Anregungen zum Handeln

Der Versuch einer Verhältnisbestimmung zwischen Beratung und Therapie lässt natürlich nach weiteren Hintergründen fragen, die als systematische Entwürfe oder Modelle für die Bildungsberatung in der Erwachsenenbildung bedeutsam sind. Dieses Kapitel soll nun ausdrücklich darauf eingehen und anregen, Bildungsberatung und Beratung in der Erwachsenenbildung in einen größeren Zusammenhang zu stellen und zugleich die Fernwirkungen von Traditionen wahrzunehmen. Einleitend wird eine weitere Situation aus der Beratungspraxis beschrieben. Auf sie wird mehrfach zurückgegriffen, um deutlich zu machen, wie die Hintergrundmodelle bestimmte Handlungskonsequenzen inspirieren können.

Beispiel aus der Beratungspraxis
Ein heller, freundlicher Raum. In der Ecke beim Fenster steht ein Schreibtisch, mit der linken Schmalseite zum Licht gewandt. In Richtung Tür steht ein kleiner runder Tisch, daran zwei Stühle, einer für die Beraterin mit dem Rücken zu einer großen, hellen und bilderlosen Wand. Ihr diagonal gegenüber, in der Nähe zur Tür und mit der Rückseite halb schräg zur Schmalseite des Raumes, wo an der Wand einige Bilder hängen, befindet sich der Besucherstuhl.

Nach kurzer Begrüßung nimmt Frau M. Platz. Die junge Frau, 25 Jahre, alleinerziehend mit einer dreijährigen Tochter, hat heute wieder einen Beratungstermin; es ist mittlerweile der dritte. Kaum sitzt sie, fängt sie an zu weinen. Die Beraterin reicht ihr ein Taschentuch. Die junge Frau schüttelt den Kopf: „Geht schon...", kramt ein Päckchen Papiertaschentücher hervor und beginnt stockend zu erzählen: Ihre Fallmanagerin der ARGE habe die geplante Qualifikationsmaßnahme abgelehnt, die gemeinsam mit der Beraterin herausgesucht und deren Modalität komplett geklärt worden war. Als Begründung habe die Fallmanagerin angegeben, dass eine vorherige Bildungsmaßnahme nicht zu Ende geführt worden sei. In ihr sei in diesem Augenblick alles ins Strudeln gekommen. Sie habe weinen müssen. Sie habe auch gar nicht mehr gehört, was die Fallmanagerin alles sagte und sei einfach aufgestanden und gegangen. Frau M. schluchzt noch einmal auf, wischt sich die Tränen ab. Dann lehnt sich zurück und atmet tief durch: „Ach, Mist das alles..."
Die Beraterin schaut die junge Frau an.

Versetzen Sie sich in die Situation der Beraterin. Sie schauen die junge Frau an. Wie ist Ihnen zumute? Was fällt Ihnen ein? Welche Gedanken kommen Ihnen? Und – was würden sie jetzt tun? Was wäre Ihre erste Handlung? Notieren Sie Ihre Antworten im unten stehenden Textfeld.

Ist Ihnen eine konkrete Reaktion, wir können auch sagen: eine „Intervention", eingefallen? Auch die Beraterin in dem oben genannten Beispiel wird etwas tun. Selbst wenn sie äußerlich zunächst nichts tut und abwartet, ist auch dies ein Handeln in spezifischer Situation. Dieses Handeln wird sowohl aus beruflicher Erfahrung kommen als auch aus einer persönlichen Haltung, die ihrerseits aus kollegialen Gesprächen, aus einer Ausbildung oder aus Fortbildungen erwachsen ist. Diese Bezugspunkte hängen wiederum mit Personen übergreifenden Orientierungen, fachlichen Konzepten und Modellen zusammen, die in der wissenschaftlich-praktischen Tradition verankert sind.

Es gibt also vom aktuellen Handeln in der konkreten, individuellen Beratungssituation gleichsam Linien nach „rückwärts", hinein in einen Hintergrund, der oft nicht mehr bewusst und bekannt ist, dessen Kenntnis allerdings helfen kann, das persönliche Handeln und sich selbst zu verorten. Oder um noch einmal in den Raum der Anfangsszene zurückzukehren: Auf der hellen weißen Wand, vor der die Beraterin im Vordergrund sitzt, könnte im Hintergrund eine typische Szene mit derjenigen Therapieform aufscheinen, aus der sich Strategie und Interventionen des aktuellen Beratungsgesprächs speisen. Wobei sich diese Hintergründe wie in einer lebendigen Dia-Schau auch übereinander schieben und miteinander verbinden können, so wie es im wirklichen Leben bei der Entwicklung eines individuellen Beratungsprofils und übergreifender Konzeptionen immer wieder geschieht.

In diesem Sinne sollen im Folgenden „Hintergrundmodelle" skizziert werden – nicht zuletzt auch, um Anregungen zu geben, die eigene Arbeitsweise zu positionieren und den Blick auszuweiten. Ich beschränke mich auf einige ausgewählte

Modelle, die als zentral angesehen werden. Auf Differenzierungen innerhalb von etablierten Lehrmeinungen wird bewusst nicht eingegangen. Wer an breiteren Darstellungen interessiert ist, sei auf die Überblicksarbeiten von Platter (2006), Kriz (2007) oder Nestmann/Engel/Sickendieck (2007) verwiesen. Allerdings sei aus eigener Erfahrung ergänzt, dass für Selbstvergewisserung und Anreicherung der eigenen Praxis die Auseinandersetzung mit einem ausgewählten Modell meist hilfreicher ist als eine Übersicht über alles, was es auf dem Markt gibt. Außerdem möchte ich empfehlen, sich, wo immer es möglich ist, mit den Originalausgaben auseinanderzusetzen.

5.1 Kräftespiel der Seele – Das psychoanalytische Hintergrundmodell

5.1.1 Die Psychoanalyse nach Sigmund Freud[3]

Unter Bezug auf wesentliche, für das Beratungsgeschehen relevante Aussagen wird im Folgenden das psychoanalytische Hintergrundmodell etwas ausführlicher behandelt. Dieser Aspekt scheint mir wichtig, da zentrale Erkenntnisse des psychoanalytischen Modells für die meisten Therapie- und Beratungsansätze die primäre Basis für Verstehen und Handeln darstellen. So wäre z.B. die Annahme, dass es in der Person etwas geben kann, das ihr selbst nicht bewusst ist, aber sich durchaus im Handeln niederschlägt, ohne die psychoanalytische Theorie und Praxis nicht denkbar. Gleiches gilt für die Annahme, dass es innere Möglichkeiten, so genannte „Potenziale“ oder „Ressourcen“, gibt, die im Augenblick nicht zum Zuge, aber durch entsprechende Impulse und Unterstützung zur Wirkung kommen können.

Auch über den institutionell-beruflichen Bereich von Beratung und Therapie hinaus haben sich Zugangs- und Sichtweisen aus dem Erbe der Psychoanalyse weit ins Alltagsleben hinein ausgebreitet. Man denke nur an Redewendungen, wie „Das habe ich jetzt verdrängt…“, „Das war wohl ein Freudscher Versprecher…“, „Das ist neurotisch…“ oder Woody Allens Filmtitel „Der Stadtneurotiker“.

3 In dem folgenden Abschnitt verbinden sich verschiedene Entwicklungslinien: psychoanalytische und gestalttherapeutische Selbsterfahrung, frühe Beschäftigung mit dem Verhältnis von Gruppentherapie und pädagogischer Praxis (Knoll 1977), das von Sandra Kube und mir gemeinsam gehaltene Seminar „Psychoanalyse und Erwachsenenbildung“ im Wintersemester 1996/97 am Lehrstuhl für Erwachsenenpädagogik der Universität Leipzig und der ebenfalls gemeinsam verfasste Abschnitt 5.5 zu Übertragung und Gegenübertragung in diesem Band. Die Einbeziehung der Freudschen Quellen wurde vor allem durch die Arbeiten von Sandra Kube ermöglicht.

Die Psychoanalyse umfasst sowohl eine bestimmte Form praktischen Handelns als auch ein Verstehensmodell bzw. eine wissenschaftliche Theorie.

Psychoanalyse ist der Name
1. eines Verfahrens zur Untersuchung seelischer Vorgänge, welche sonst kaum zugänglich sind;
2. einer Behandlungsmethode neurotischer Störungen, die sich auf diese Untersuchung gründet;
3. einer Reihe von psychologischen, auf solchem Wege gewonnenen Einsichten, die alle allmählich zu einer neuen wissenschaftlichen Disziplin zusammenwachsen (Mitscherlich 1997, S. 19).

Mit den Worten des Begründers der Psychoanalyse, Sigmund Freud, lässt sich dieser Begriff auch folgendermaßen definieren:

> ...ihren Beobachtungsstoff bilden gewöhnlich jene unscheinbaren Vorkommnisse, die von den anderen Wissenschaften als allzu geringfügig beiseite geworfen werden, sozusagen der Abhub der Erscheinungswelt (Freud 1997a, S. 51).

> Wir wollen die Erscheinungen nicht bloß beschreiben und klassifizieren, sondern sie als Anzeichen eines Kräftespiels in der Seele begreifen, als Äußerungen von zielstrebigen Tendenzen, die zusammen oder gegeneinander arbeiten. Wir bemühen uns um eine *dynamische Auffassung* der seelischen Erscheinungen (ebd., S. 86; Herv. im Original).

Am folgenden Zitat lässt sich belegen, dass diese Vorgehensweise eine praktische, lebensrelevante Ausrichtung hat:

> Wir wollen, was man in der Wissenschaft überhaupt anstrebt, ein Verständnis der Phänomene, die Herstellung eines Zusammenhanges zwischen ihnen, und in letzter Ferne, wo es möglich ist, eine Erweiterung unserer Macht über sie (Freud 1997b, S. 116).

In diesem Sinne gilt für die Psychoanalyse, dass sie nichts anderes leistet als die Aufklärung des Unbewussten im Seelenleben (vgl. Freud 1997c, S. 377).

Zu den zentralen Aussagen der Psychoanalyse gehört die Annahme eines Miteinanders mehrerer Instanzen der Psyche. Sie dürfen nicht im Sinne anatomischer Schichten, sondern müssen als Orientierungssystem verstanden werden. Das „Es" gilt hierbei als ältester Teil der „psychischen Provinzen". Er enthält „alles, was ererbt, bei Geburt mitgebracht, konstitutionell festgelegt ist, vor allem also die aus der Körperorganisation stammenden Triebe" (Freud 2001, S. 9). „Es" und „Unbewusstes" sind nicht identisch, denn auch Teile, die dem „Ich" angehören (z.B. das Gedächtnis) können unbewusst sein.

Das Ich hat sich unter den Einflüssen der Außenwelt (z.B. der Bezugspersonen der frühen Kindheit, aber auch später der anderen Schulkinder oder noch später der Berufskolleg/inn/en) aus dem Es entwickelt und vermittelt zwischen dem Es und dem Über-Ich (siehe unten). Seine Aufgabe der Selbstbehauptung wird darin gesehen, dass es Reize von außen und innen aufnimmt und die Regulation der Triebansprüche leistet.

Dieser Akt der Selbstbehauptung wird in der Psychoanalyse durch das „Realitätsprinzip" möglich. Das Realitätsprinzip besteht in der Fähigkeit, die Außenwelt und ihre Anforderungen wahrzunehmen und das Lustprinzip (die Anforderungen des Es) entsprechend zu modifizieren. Dabei gleicht die Regulationsfunktion nach innen etwa der des Reiters zu seinem Pferd. Freud sagt dazu:

> Das Pferd gibt die Energie für die Lokomotion her, der Reiter hat das Vorrecht, das Ziel zu bestimmen, die Bewegung des starken Tieres zu leiten. Aber zwischen Ich und Es ereignet sich allzu häufig der nicht ideale Fall, dass der Reiter das Roß dahin führen muss, wohin es selbst gehen will (Freud 1997d, S. 514).

Das „Über-Ich" setzt als Niederschlag der langen Kindheitsperiode die Autorität der Eltern fort. Durch diese Vermittlung werden auch Bestandteile der Tradition übernommen. So stehen Über-Ich mit seiner Ausprägung im Gewissen und die Kultur in einem engen Zusammenhang. Sie decken sich im Erzwingen des Triebverzichts, auf dem Kultur nach Freud im Wesentlichen beruht. In Analogie zur psychischen Entwicklung der einzelnen Person bildet nach Freud auch die Kultur ihr Über-Ich durch autoritäre Gestalten heraus.

Um sich das Verhältnis zwischen Es, Ich und Über-Ich vergegenwärtigen zu können, mag die Vorstellung eines Hauses mit verschiedenen Zimmern hilfreich sein. Diese räumliche Vorstellung ist jedoch recht statisch. Sie hat außerdem den Nachteil, dass die verbreitete, aber nach der Begrifflichkeit der Psychoanalyse falsche Bezeichnung „Unterbewusstes" (also das, was „unten", wie im Keller, gelagert ist) gestärkt wird. Angemessener erscheint das Bild eines Teppichs, in den verschiedene Sorten von Fäden hineingewebt sind und deren Ineinanderverwobensein das Muster ergeben. Auf vergleichbare Weise wirken in jeder Handlung sowohl Antriebe aus dem Es als auch das eigene, wahrnehmende und entscheidende Ich sowie die an den kulturellen Rahmen der Familie, (Berufs-) Gruppe und Gesellschaft rückgebundenen Orientierungen mit.

Das Instanzenmodell der Psyche gewinnt seine, auch für die Beratung bedeutsame Funktion dort, wo es um die Wahrnehmung innerer Konflikte geht. Hier kann Abwehr eine wichtige Rolle spielen. Die Formen, in denen sie auftritt, werden als Abwehrmechanismen bezeichnet. Es sind gewissermaßen Methoden, mit deren

Hilfe Ansprüche des Es zurückgehalten oder in andere Bahnen gelenkt werden und mit denen Grenzgänger aus dem Bereich des Unbewussten an der Schwelle zum Bewusstsein zurückgewiesen werden.

Als eine der bekanntesten Abwehrmechanismen gilt die „Verdrängung". Sie hat ihr Ziel darin, etwas vom Bewusstsein fernzuhalten. Sie ist nach Freud möglich als „Urverdrängung", in welcher der ursprünglichen (Trieb-)Regung selbst der Zugang zum Bewussten verwehrt wird, und als „eigentliche Verdrängung", in der sozusagen „Abkömmlinge" der verdrängten Regung oder Gedanken, die in eine lockere Beziehung zu ihr geraten sind, abgestoßen werden (vgl. Freud 1997f., S. 137).

Um es an der eingangs beschriebenen Situation zu verdeutlichen: Die Ratsuchende hat eine elementare Wut auf die Amtsperson. Diese Wut selbst, genauer gesagt, die Wahrnehmung des entsprechenden Gefühls („Repräsentanz"), darf aufgrund sozialer Konventionen nicht ausgelebt werden. Das bedeutet, das die Wut verdrängt wird, weil sie als gefährlich und ängstigend gilt, aber als Gefühl latent eingeschlossen bleibt. Anstatt zu schreien und zu schimpfen, wie es der Wut angemessen wäre, sitzt die junge Frau wie ein Häufchen Elend auf ihrem Stuhl, weint und wiegelt mit einem „Es geht schon" ab.

Es kann auch sein, dass das ursprüngliche Gefühl der Wut „Abkömmlinge" bildet. Das Besondere dieser „Abkömmlinge" besteht darin, dass sie sich auf etwas „draufsetzen", was aus einem anderen Kontext bekannt ist, also schon einmal da war und nun reaktiviert wird. Ein solcher „Abkömmling" könnte ein Gefühl wie Traurigkeit sein. Ein solches Gefühl wäre bekannt aus der Auseinandersetzung mit dem bisherigen Schicksal und wird aufgrund der aktuellen Erfahrung – oder auch als Abwehr von ohnmächtiger Wut – wiederbelebt.

Ein weiterer Gedanke, der zur ursprünglichen Wut in eine assoziative Beziehung kommen könnte, wäre die Überlegung: „Ich muss bei mir zu Hause endlich mal Ordnung machen, es sieht aus wie in einem Saustall..." Im Beratungsgespräch wird nun zu beobachten sein, ob die Ratsuchende sich traut, ihre Wut wahrzunehmen und auszusprechen. Dabei ist es gleichgültig, ob es zunächst eine Wut gegenüber der Fallmanagerin ist („...alles Mist, was die da macht"), von der sie sich zugleich abhängig fühlt, oder ob die Wut gegen sich selbst gekehrt ist („...alles Mist, was ich auch anpacke").

Das Verdrängte besteht fort – und zwar im Unbewussten, wo es sich weiterentwickelt, Verbindungen schafft und „Abkömmlinge" (wie etwa Einfälle, Bilder, Versprecher, Amnesie, aber auch andere körperliche Symptome) im Bewusstsein platziert. Die Verdrängung, als Schutzmechanismus verstanden, dient dazu, solche „Abkömmlinge" vom Bewusstsein fernzuhalten. Die ursprüngliche Energie, auch „Affektbetrag" genannt, wird entweder gänzlich unterdrückt, kommt als qualitativ gefärbter Affekt zum Vorschein oder wird in Angst verwandelt. In der Regel folgen darauf andere, physische, zum Teil pathologische Symptome, die als Anzeichen einer Wiederkehr des Verdrängten in anderer Gestalt zu verstehen sind.

Gleichermaßen bedeutsam ist die „Projektion". Ihr spezifischer Mechanismus besteht darin, dass Angst machende Regungen aus der eigenen Person und ihrem Verantwortungsbereich hinausverlagert und anderen Menschen zugeschrieben werden. Sie sind dadurch gleichsam objektiviert und insofern der Ablehnung oder Verurteilung besser zugänglich: Sie sind ja „außerhalb meiner selbst".

Der Projektion entgegengesetzt verläuft die Bewegung, die für die „Introjektion" kennzeichnend ist. Hier werden fremde Anschauungen oder Verhaltensweisen als eigene übernommen, also sozusagen in das eigene Ich hineingerückt.

So könnte im Eingangsbeispiel die junge Frau, weil sie weinend weggerannt ist, ihr eigenes Gefühl des Versagens auf die Beraterin verlagern („Sie hätten mich ja vorwarnen können..." oder „...besser mit Argumenten ausstatten können"). Die junge Frau könnte auch die Fallmanagerin in sich „hineinrücken", indem sie in Selbstvorwürfen über ihr (erneutes) Scheitern zerfließt. Dies wäre als Identifikation mit dem Aggressor zu bezeichnen.

Die Abwehrleistung der „Rationalisierung" besteht darin, dass Befindlichkeiten oder Handlungen eine theoretisierende, vom Über-Ich akzeptierte Begründung oder Interpretation erfahren. Im anfangs entwickelten Beispiel wäre das der Fall, wenn die junge Frau erklären würde, dass sie weglaufen musste, weil sie vor einiger Zeit eine Mittelohrentzündung hatte und seither in Stresssituationen nur noch ganz schlecht hört.

„Regression" bedeutet im Rahmen des psychoanalytischen Modells Rückfall auf frühere Verhaltensmuster oder frühere Phasen der Entwicklung. In der Beratung gibt es beispielsweise solche Momente, wenn sich jemand als hilflos, unerfahren und unterstützungsbedürftig präsentiert („Ach, das schaffe ich nie...").

„Konversion" meint schließlich die Umwandlung psychischer Spannungen in körperliche Symptome. Von der Seite der wahrnehmbaren Symptome her (z.B. Schmerzen) hat dieser somatische Ansatzpunkt der Entwicklung der Psychoanalyse wichtige Impulse gegeben. Die gegenwärtige, medizinische und gesundheitspolitische Bedeutung des psychoanalytischen Erklärungsprinzips erwächst aus der weiten Verbreitung psychosomatischer Störungen und aus körperlichen Problemen, die nicht selten mit krisenhaften Situationen im Lebenslauf verbunden sind. Die Verbindung von der Beratung zur Therapie und die Suche nach sinnvollen Möglichkeiten der Vorbeugung, gerade auch im Bereich des beraterisch-pädagogischen Handelns, liegen dann nahe.

Konversionsphänomene sind sehr komplex und können auch in familiendynamischen Zusammenhängen stehen. Das ließe sich am Beispiel der Eingangssituation weiter verfolgen. So wäre es denkbar, dass die junge Frau die Qualifikationsmaßnahme doch noch besuchen könnte; ihre kleine Tochter aber jeden Morgen heftiges Bauchweh bekommt und dadurch ihre Mutter zwingt, daheim zu bleiben statt in die Bildungsstätte zu fahren.

Die Abwehrmechanismen beziehen ihre Energie aus dem Abgewehrten, d.h. aus dem Kraftfeld der zurückgehaltenen Motive und Triebe. Um es am Bild verständlich zu machen, ließe sich sagen: Die Kraft, mit der Dämme gegen das strömende Wasser errichtet werden, stammt aus denselben Quellen wie dieses Wasser selbst. Dabei stellen die einzelnen Mechanismen Ordnungsleistungen dar, mit denen sich die Seele oft unter hohem Kraftaufwand müht, die Balance innerhalb der Person sowie zwischen Person und Umwelt zu sichern und den vermeintlichen Absturz zu vermeiden. Von dieser Funktion her ist es verständlich, dass die Aufhebung von Abwehr nicht selbstverständlich geschieht. Mit ihrer Hilfe schafft sich die Person eine Welt, deren Realität gesichert erscheint. Deshalb kann Veränderung oder das Ansinnen, sich verändern zu wollen, Widerstand hervorrufen. Der Widerstand hat die Aufgabe, ungute Empfindungen zu vermeiden, die im Falle einer abwehrfreien Verarbeitung innerer und äußerer Konflikte zwangsläufig ins Bewusstsein kämen. Damit ist erklärbar, weshalb im Beratungsgeschehen problematische Situationen manches Mal eher festgehalten als aufgegeben werden. Sie haben immerhin den Vorteil, dass sie bekannt sind und daher als das bekannte Problem daherkommen – statt als das unbekannte und deshalb ängstigende Neue.

So aussagekräftig und weit verbreitet das Verstehens- und Handlungsmodell der Psychoanalyse ist, so sehr stößt es doch auch immer wieder auf Skepsis und Widerstand. Sigmund Freud selbst hat das frühzeitig erkannt und prägnant formuliert:

> Mit dieser Hervorhebung des Unbewußten im Seelenleben haben wir aber die bösesten Geister der Kritik gegen die Psychoanalyse aufgerufen. Wundern Sie sich darüber nicht und glauben Sie auch nicht, daß der Widerstand gegen uns nur an der begreiflichen Schwierigkeit des Unbewußten oder an der relativen Unzugänglichkeit der Erfahrungen gelegen ist, die es erweisen. Ich meine, er kommt von tiefer her. Zwei große Kränkungen ihrer naiven Eigenliebe hat die Menschheit im Laufe

> der Zeiten von der Wissenschaft erdulden müssen. Die erste, als sie erfuhr, daß unsere Erde nicht der Mittelpunkt des Weltalls ist, sondern ein winziges Teilchen eines in seiner Größe kaum vorstellbaren Weltsystems. Sie knüpft sich für uns an den Namen Kopernikus, obwohl schon die alexandrinische Wissenschaft ähnliches verkündet hatte. Die zweite dann, als die biologische Forschung das angebliche Schöpfungsvorrecht des Menschen zunichte machte, ihn auf die Abstammung aus dem Tierreich und die Unvertilgbarkeit seiner animalischen Natur verwies. Diese Umwertung hat sich in unseren Tagen unter dem Einfluß von Ch. Darwin, Wallace und ihren Vorgängern nicht ohne das heftigste Sträuben der Zeitgenossen vollzogen. Die dritte und empfindlichste Kränkung aber soll die menschliche Größensucht durch die heutige psychologische Forschung erfahren, welche dem Ich nachweisen will, daß es nicht einmal Herr im eigenen Hause, sondern auf kärgliche Nachrichten angewiesen bleibt von dem, was unbewußt in seinem Seelenleben hervorgeht. Auch diese Mahnung zur Einkehr haben wir Psychoanalytiker nicht zuerst und nicht als die einzigen vorgetragen, aber es scheint uns beschieden, sie am eindringlichsten zu vertreten und durch Erfahrungsmaterial, das jedem einzelnen nahegeht, zu erhärten (Freud 1997c, S. 283f.).

Eine wichtige Hilfe besteht darin, sich selbst anhand der gut lesbaren Originalschriften von Sigmund Freud ein Bild zu verschaffen. In der Literatur wird die Psychoanalyse zwar häufig dargestellt, dabei kommt es aber selbst in Fachpublikationen häufig zu Verkürzungen und falschen Aussagen, die deutlich machen, dass das Originalwerk nicht genau oder gar nicht gelesen worden ist. Hierzu stelle ich Ihnen ein interessantes Beispiel aus einer renommierten Veröffentlichung vor, nämlich den Vergleich einer Aussage über die Freudsche Auffassung des Unbewussten mit einer Formulierung von Freud selbst:

> Freud fasste das Unbewusste noch als etwas auf, das im Verlauf des individuellen Lebens (...) *durch Verdrängung und Vergessen zustande kommt* und das infolgedessen auf das Bewusstsein störend wirkt (Obrist 2004, S. 65, Herv. durch den Verf.).

> Alles Verdrängte muß unbewußt bleiben, aber wir wollen gleich eingangs feststellen, *daß das Verdrängte nicht alles Unbewußte deckt.* Das *Unbewußte hat einen weiteren Umfang; das Verdrängte ist ein Teil des Unbewußten* (Freud 1997f., S. 125, Herv. durch den Verf.).

Neben den schon im Einzelnen genannten Bezügen ist das Hintergrundmodell der Psychoanalyse für die Beratung insofern von größtem Interesse, als hier die Basis für den Ansatz liegt, den Zugang zu sich selbst zu fördern und dadurch Lebensenergie zu befreien, die sonst in unbewussten Verstrickungen gebunden ist. Wesentliche Hilfen hierbei sind das Gegenwartsprinzip, das freie Assoziieren, der Unterschied zwischen Einfall und Gedankenkonstruktion und der Umgang mit Übertragung und Gegenübertragung.

Das „Gegenwartsprinzip“, auch „Hier-und-Jetzt-Prinzip“ genannt, bedeutet, dass die aktuelle Situation der Begegnung (der Beratungstermin, in der Psychoanalyse die Therapie-Sitzung) der Ereignisraum ist für Weiterentwicklung, indem sich die Person erinnert, vergangene oder gegenwärtige Empfindungen und Erlebnisse wieder erlebt („wiederholt“) und diese dadurch verarbeitet. Nach dem psychoanalytischen Modell hat dieser Prozess seinen Raum und sein Medium in der

Übertragung zwischen Klient und Therapeut und in der Auseinandersetzung mit dem hier auftauchenden Widerstand; die Weiterentwicklung geschieht ohne die befürchteten Katastrophen von Verachtet- und Ausgeschlossenwerden, weil der Therapeut – und im Weiteren auch der/die Berater/in – offen aufnehmen und gleichsam mitgehen. Dies ermöglicht eine korrigierende Erfahrung als Ansatzpunkt für neues Wahrnehmen, Verstehen und Handeln.

Verdeutlichen wir das anhand des Eingangsbeispiels. Die Beraterin könnte die letzte Phase der Eingangssituation aufgreifen. Die junge Frau wischt sich die Tränen ab, atmet durch und sagt: „So ein Mist..." Ihr Gegenüber fragt: „Sie haben gerade tief durchgeatmet... Was war da in Ihnen?" Dann sagt Frau M. vielleicht: „Ach wissen Sie, ich hab' das so satt, dieses ewige Bitten und Betteln, dieses ewige Gerenne zu den Behörden. Ich hab' das satt mit den Formularen. Ich will endlich unabhängig sein und mein eigenes Ding machen." „Also gut" könnte die Beraterin sagen, „dann geh'n wir's an, und zwar jetzt gleich."

„Freies Assoziieren" bedeutet, dass die Rat suchende Person aufgefordert wird zu sagen, was ihr zu einem Vorgang, einer Sache, einer Person einfällt. Wenn ein Zögern auftaucht, Schamgefühl oder die „Angst, was Falsches zu sagen", sind das wertvolle Hinweise darauf, dass hier etwas Bedeutsames im Hintergrund steht, das auszusprechen sich lohnen würde. In diesem Zusammenhang ist die Unterscheidung zwischen Einfall und Gedankenkonstruktion hilfreich und wird in der folgenden Übersicht veranschaulicht.

Übersicht 6: Einfall und Gedankenkonstruktion

Vergleichspunkt	Einfall	Gedankenkonstruktion
Charakteristik	„erscheint", „tritt auf", „ist plötzlich da", Ereignis (das als scheinbares „Gegenüber" eigene Reaktionen auslösen kann, z.B. Erstaunen, Scham)	Formungsvorgang, der mit bewusster Absicht betrieben wird, „eins zum anderen fügen", „eins aus dem anderen ableiten", Konstruktionsprinzipien: Erklärung – Begründung – Ergebnisorientierung
Konsistenz	ein einzelnes Element oder eine ganz begrenzte Anzahl von Elementen	Zusammensetzung, Gefüge aus vielen Elementen
Entstehungs-vorgang	Prozess ist nicht bewusst	Ergebnis eines bewussten „Suchprozesses"
Form	in sprachlicher Struktur (Gedanke, Wort, Aussage, Frage) oder als sinnliches Ereignis (Bild, Ton)	in sprachlicher Struktur

5.1.2 Weiterentwicklungen und Abkömmlinge der Psychoanalyse

Fokussierende bzw. lösungsorientierte Ansätze

Die klassische Psychoanalyse gestaltet(e) sich als intensiver Prozess, der sich entweder über mehrere Sitzungen pro Woche, über einen längeren Zeitraum oder über beides erstreckte. Vor diesem Hintergrund entwickelte sich nach 1945 tendenziell eine eher fokussierende, auf die persönliche Weiterentwicklung und individuelle Lösungsorientierung ausgerichtete Vorgehensweise. Dafür waren zum einen pragmatische Gründe ausschlaggebend (knappe Zeit, viele Klient/inn/en, Kostenersparnis). Daneben kam es zu einer Ausgestaltung und stärkeren Gewichtung dessen, was in dem psychoanalytischen Modell bereits angelegt war: das Gegenwarts- oder Hier-und-Jetzt-Prinzip als den entscheidenden Ort für Veränderung zu akzeptieren. So sprechen Helmut Thomä und Horst Kächele von folgender Tatsache: „Es ist eine bemerkenswerte Tatsache, dass das Hier und Jetzt als der wesentliche therapeutische Drehpunkt erst in unseren Tagen voll den ihm gebührenden hervorragenden Platz einnimmt" (1986, S. 80). Auch da liegt der Ansatz – wie so oft – schon bei Freud selbst, worauf die beiden Autoren ausdrücklich aufmerksam machen. Sie beziehen sich dabei u.a. auf folgende Aussage:

> Der Beginn der Behandlung macht dieser Entwicklung (der Krankheit des Patienten) kein Ende, aber wenn die Kur sich erst des Kranken bemächtigt hat, dann ergibt es sich, dass die gesamte Neuproduktion der Krankheit sich auf eine einzige Stelle wirft, nämlich auf das Verhältnis zum Arzt. Die Übertragung wird so der Cambiumschicht zwischen Holz und Rinde eines Baumes vergleichbar, von welcher Gewebsneubildung und Dickenwachstum des Stammes ausgehen. Hat sich die Übertragung erst zu dieser Bedeutung aufgeschwungen, so tritt die Arbeit an den Erinnerungen des Kranken weit zurück (Freud 1997c, S. 427).

Darin wird deutlich, dass der gegen die klassische Psychoanalyse erhobene Einwand, sie wende sich nur der Vergangenheit zu, systematisch nicht zutrifft.

Die prinzipielle und vermehrte Hinwendung zum Hier-und-Jetzt, die der Analytiker Harald Schultz-Henke bereits Anfang der 1950er Jahre mit seiner Einbeziehung der so genannten „pragmatischen Verfahren" eingeläutet hat (Schultz-Henke 1973, S. 7ff. und 261ff.), akzentuiert die Veränderung durch die „Lösung" von Ausgangsproblemen und von da aus durch die Frage, wie das geschehen könnte. Das ist nun der Ansatzpunkt für die so genannten „fokussierenden" oder „lösungsorientierten" Strategien in der tiefenpsychologisch fundierten Psychotherapie – und eben auch in der Beratung.

Deren Grundannahme ist aus den zuvor skizzierten systematischen Erkenntnissen heraus positiv zu formulieren. Für die Lösung eines Problems ist in der aktuellen Situation der Zugang zu den eigenen Kräften und die Entwicklung zukunftsgerichteter Lösungsvorstellungen notwendig. Dabei ist es hilfreicher, sich auf Wünsche, Ziele, Ressourcen und den erwünschten Zustand nach Bewältigung des Problems zu konzentrieren, als auf die Probleme selbst und deren Ausdifferenzierung. Veränderung gilt dabei als selbstverständliche Ausdrucksform von Leben.

Welche praktische Bedeutung dies für die Beratung hat, arbeitet Henning Pätzold heraus. Er nennt als Aspekte, die hier wiedergegeben werden:

- gemeinsame, für beide Seiten bewusste Fokussierung auf die zu bearbeitenden Fragen und Probleme;
- Entwicklung von Teilaufgaben im Blick auf die angestrebte Lösung;
- Nutzung der Zeiten zwischen Beratungsterminen für (Selbst-)Wahrnehmung, Erprobung und Übung;
- Reflexion der Aktivitäten unter besonderer Berücksichtigung von Lösungserfahrungen;
- Veränderung in der Beschreibung des Ausgangsproblems (vgl. Pätzold 2004, S. 70ff.).

Neben diesen strukturierenden Elementen lässt sich als scheinbar bescheidenere, für die Beratungspraxis aber hilfreiche Konsequenz die Wahrnehmung für Oberflächenphänomene ableiten, die in der Beratungssituation auftreten, als da wären:

- ein Zögern bei der Darstellung des eigenen Ziels;
- ein abfälliges Mienenspiel bei der Erwähnung einer bestimmten Situation;
- ein Wegschauen bei der Schilderung bisheriger erfolgloser Bildungsbemühungen;
- das Durchatmen der jungen Frau im Eingangsbeispiel usw.

Hier nachzufragen, im selben Augenblick oder auch etwas später, kann bei der betroffenen Person den Zugang zu sich selbst öffnen, den sie im Erringen der ihr gemäßen Lösung und für die Weiterentwicklung braucht.

Gestalttherapie

Vieles von dem, was im vorherigen Abschnitt skizziert wurde, findet sich auch in der Gestalttherapie wieder. Sie weiß sich von der Absicht getragen, dem Menschen einen weniger leidvollen Zustand seiner Existenz zu ermöglichen. Sie ist also in ihrem Heilungsinteresse dem psychoanalytischen Modell durchaus vergleichbar, ja mehr noch: Die Grundannahmen, etwa im Blick auf Instanzen der Psyche, Abwehrmechanismen, krank machende Wirkungen unbewusster Personen-Anteile und Gegenwartsprinzip, entnimmt sie aus der Freudschen Psychoanalyse, allerdings in anderer Begrifflichkeit und zum Teil verbunden mit Ausfällen gegen die Psychoanalyse, die inhaltlich schwer nachvollziehbar sind.[4]

Bereits während seiner Beschäftigung mit der Gestaltpsychologie und deren medizinisch-psychotherapeutischen Möglichkeiten faszinierte Perls die Annahme,

> ...daß Fakten, Sinneswahrnehmungen, Verhaltensweisen und Phänomene erst durch ihre Organisation, nicht schon durch ihre einzelnen Bestandteile definiert werden und eigenständige und besondere Bedeutung erlangen (...) daß die menschliche Natur in Strukturen oder Ganzheiten organisiert ist, daß sie vom Individuum auf diese Art erfahren wird und dass sie nur als eine Funktion dieser Strukturen oder Ganzheiten, aus denen sie besteht, verstanden werden kann (Perls 1974, S. 20 und 22).

Dementsprechend geht es der Gestalttherapie um die Beobachtung, therapeutische Bearbeitung und Verbindung von psychischen und physischen Aktivitäten, von Denken, Fühlen und Tun, von augenblicklichem Status des Individuums und seiner Beziehung zur jeweiligen Umwelt, von Kontakt und Rückzug – all dies „Manifestationen desselben menschlichen Seins" (ebd., S. 33).

Störungen treten diesem Modell entsprechend auf, wenn die Ganzheit des Individuums, d.h. die Gestalt seiner verstandesmäßigen, gefühlshaften und körperlichen Dimensionen zerbrochen und das Gleichgewicht zwischen Kontakt zur Umwelt und Rückzug aus ihr nicht mehr in Balance ist (ebd., S. 40). Diese Brüche werden durch den Zwang zur Vermeidung wesentlicher Teile der Person (Gefühle, Gedanken, Wünsche) – und das heißt wiederum: zur Vermeidung von Schmerz oder Angst – ausgelöst. Auch Perls verwendet zur Kennzeichnung dieser Vermeidungsprozesse die Vorstellung von „Mechanismen", konzeptualisiert diese aber nicht unter dem Leitbegriff „Abwehr" (Abwehrmechanismen), sondern „Störung".

Er spricht von „Störungsmechanismen" und unterscheidet diese folgendermaßen:

als **Introjektion** und **Projektion** → inhaltlich umschrieben entsprechend den psychoanalytischen Abwehrmechanismen „Identifikation" und „Projektion";

als **Konfluenz** → d.h. als Zerfließen oder Verlust der Grenze zwischen eigener Person und Umwelt, Verlust der Unterscheidungsfähigkeit zwischen sich und anderen und Aufhebung von Organgrenzen, z.B. Halsschmerzen aufgrund von unterdrücktem Weinen oder fortwährende Anspannung der Zwerchfellmuskulatur bei Stress;

---

4 An dieser Stelle sei ein Blick auf die „Themenzentrierte Interaktion" (TZI) vorgenommen, obwohl sie nicht näher behandelt wird. Dass die TZI achtsamer und würdigender mit ihrer psychoanalytischen Herkunft umgeht, liegt vielleicht auch daran, dass Ruth Cohn, die „Erfinderin" der TZI, als Frau nicht so viel Konkurrenz zu Sigmund Freud nötig hatte wie Fritz Perls, der „Erfinder" der Gestalttherapie.

als **Retroflektion** → d.h. eine Person behandelt sich so, wie es in der oben schon genannten Variante von Identifikation, nämlich Identifikation mit dem Aggressor, erwähnt worden ist: „Sie richtet ihre Energien nicht mehr nach außen und unternimmt keine Versuche mehr (...), Veränderungen herbeizuführen, die ihre Bedürfnisse befriedigen; stattdessen richtet sie ihre Aktivität nach innen und nimmt sich selbst anstelle der Welt als Zielscheibe für ihr Verhalten. Damit spaltet sie ihre Persönlichkeit in Täter und Opfer. Sie wird buchstäblich ihr eigener schlimmster Feind" (ebd., S. 59).

Die Gestalttherapie versucht nun, die verloren gegangenen Beziehungen zwischen Teilen der Person bzw. zwischen Person und Umwelt wiederherzustellen. Sie will den Zustand der Bewusstheit neu konstituieren, der für eine integrierte Persönlichkeit kennzeichnend ist. Dabei geht es vor allem darum, die Energie, die durch die Störungsmechanismen gebunden ist, zu befreien und neu einzusetzen.

Um dies zu erreichen, wird die aktuelle Auseinandersetzung in der therapeutischen Situation gefördert:

- mit den „unerledigten Geschäften" der eigenen Person,
- mit den gegenwärtigen Ausläufern von biographischem Material,
- mit der Umwelt.

Die Integration des Zerspaltenen und Zertrennten im Hier-und-Jetzt soll die Fähigkeit vorbereiten und stärken, auch im Alltag ähnlich bewusst und integriert wahrzunehmen, zu denken, zu fühlen und zu handeln.

Von daher versteht sich die Gestalttherapie als eine Hier-und-Jetzt-Therapie, in der „wir den Patienten während der Sitzung auffordern, seine gesamte ungeteilte Aufmerksamkeit auf das zu lenken, was er jetzt in der Gegenwart, während des Sitzungsverlaufs, genau und jetzt tut (...). Wir fordern unsere Patienten auf, ihre Probleme und Traumata, ihr unabgeschlossenen Situationen, noch einmal im Hier und Jetzt zu erleben" (ebd., S. 82). Dabei gilt die Aufmerksamkeit allem, was die betroffene Person sagt und tut. Die Orientierung an der wahrnehmbaren Oberfläche berücksichtigt hier gerade auch die nonverbalen Ausdrucksformen (Mimik, Gestik, Körperrektionen) sowie deren Entsprechung oder Missverhältnis zum Verbalen.

Als Techniken dienen hierbei:

- Kommunikation in der Gegenwart („Was geschieht jetzt?" „Was fühlen Sie in diesem Augenblick?" Oder wenn eine Situation aus der Vergangenheit

berichtete wird: „Wie alt sind Sie in diesem Moment?");
- Verwandlung von „Es" in „Ich" (z.B. „Ich würge mich" statt „Es würgt mich");
- Umwandlung von „Ich kann nicht" in „Ich will nicht";
- Kontakt mit Gefühlen (Eine mögliche Intervention in dem Eingangsbeispiel wäre die Frage: „Was geht in Ihnen vor, wenn Sie sich wieder in das Gespräch mit der Fallmanagerin versetzen?");
- Identifikation (mit anderen Personen, aber auch mit Teilen der eigenen Person; am Beispiel des Anfangsfalls: „Was sagen Ihre Tränen?");
- dramatische Ausgestaltung von Konflikten als rollenspielähnlicher Dialog zwischen Körperteilen oder zwischen Elementen eines inneren Konfliktes oder zwischen Personen aus gegenwärtigem Geschehen bzw. Erinnerung, eventuell auch mit Platzwechsel verbunden (Im Eingangsbeispiel könnte Frau M. gebeten werden, sich mit der Fallmanagerin zu identifizieren und aus dieser heraus in der Ich-Form zu Frau M. zu sprechen. Im nächsten Schritt könnte Frau M. das, was die Fallmanagerin sagte, differenzierend betrachten und sortieren, im Sinne von: „nehme ich an…", „nehme ich nicht an...").

Mit Hilfe der gestalttherapeutischen Tradition lässt sich, ohne im Mindesten einen therapeutischen Anspruch haben zu wollen, das Gegenwarts- bzw. Hier-und-Jetzt-Prinzip noch intensiver nutzen. Alle Äußerungen, sprachliche und nichtsprachliche, können Anregung für beraterische Interventionen sein. Dies beginnt bereits mit der Wahrnehmung, wie jemand zur Tür hereinkommt, begrüßt, Platz nimmt, seine Unterlagen auspackt usw. Dabei besteht die Freiheit darin, derartige Wahrnehmungen aufzugreifen oder auch zunächst einmal zurückzustellen. Aber um das entscheiden zu können, ist es wichtig, sie überhaupt zu haben.

Anregung zur Reflexion

Bitte versuchen Sie zu erfassen: Was hat die Darstellung des psychoanalytischen Modells in Ihnen ausgelöst? Was war für Sie überraschend oder neu? Wo sind Sie hängen geblieben? Welche Impulse haben Sie aus der Lektüre empfangen?

5.2 Hilfe zur Selbsthilfe – Das Hintergrundmodell der Gesprächspsychotherapie

Die Gesprächspsychotherapie, die sich mit dem Namen von Carl Ransom Rogers verbindet, ist das im Zusammenhang mit Bildungsberatung am häufigsten verwendete Modell. Das liegt zum einen an seiner breiten Rezeption in der Psychologie, Sozialpädagogik und Sozialarbeit, Medizin sowie in den verschiedenen Praxisfeldern von Beratung, zum anderen an der von Rogers vorgenommenen, engen Verknüpfung zwischen Psychotherapie und Beratung.[5] Schließlich spielt auch die hier erfolgte Ausformulierung zentraler Leitideen und Handlungsperspektiven, die für jede Form von professioneller Beratung als grundlegend gelten können, eine wichtige Rolle.

Im Übrigen verhält es sich mit diesem Modell ähnlich wie mit den fokussierenden bzw. lösungsorientierten Ansätzen und mit der Gestalttherapie: Vor dem Hintergrund der psychoanalytischen Tradition werden Akzentuierungen vorgenommen, deren Konsequenzen das beraterische Handeln anregen und bereichern können.

Die Gesprächspsychotherapie wird ebenfalls von der Leitidee menschlicher Ganzheit bestimmt, verstärkt allerdings durch die Annahme einer gleichsam natürlichen inneren Tendenz zur Selbstentfaltung bzw. Selbstaktualisierung. Diese wird als persönlichkeitsleitend und -tragend angesehen. Sie wird vor allem dann zur Kraftquelle, wenn Brüche oder Diskrepanzen im eigenen Selbstkonzept, z.B. aufgrund einer Spannung zwischen idealem und realem Selbst, erfahren werden, d.h. eine Inkongruenz besteht und daraus das Streben nach Ausgleich und Vervollkommnung erwächst.

In dieser Situation versteht sich die Gesprächspsychotherapie als Angebot eines Raumes – im wörtlichen und übertragenen Sinne – für die Entwicklung der Persönlichkeit und die Erfahrung von Selbstwirksamkeit. Für diese Art der „Hilfe zur Selbsthilfe" sind die von Wertschätzung getragene, sich einfühlende, akzeptierende, den Menschen in seiner Eigenheit achtende Grundhaltung (also Empathie und Akzeptanz) sowie eine nicht-direktive Form von Gesprächsführung zentrale Voraussetzungen.

---

5 Das lässt sich bereits aus dem englischsprachigen Titel „Counselling and Psychotherapy" der Erstausgabe von 1942 ablesen, die im Deutschen im Jahr 1972 als „Die nicht-direktive Beratung" erschien.

> Positive Wertschätzung und emotionale Wärme besagt, dass der Therapeut dem Klienten eine nicht an (...) Bedingungen gebundene Wertschätzung und emotionale Wärme entgegenbringt, d.h. der Klient wird (...) akzeptiert und angenommen, unabhängig davon, was der Klient äußert, unabhängig davon, wie der Klient sich gerade gibt. Dieses uneingeschränkte Akzeptieren ist ebenso unvereinbar mit einer wertenden, Abneigung oder Missbilligung ausdrückenden Stellungnahme des Beraters wie mit einer nur selektiv – je nach Gesprächsinhalt – ausgedrückten Wertschätzung (Weinberger 1980, S. 31f.).

Die Wertschätzung der/des Ratsuchenden besteht demzufolge in einer Anteilnahme, die nicht Besitz ergreift, die in jedem Fall und ohne Forderungen akzeptiert. Der/die Therapeut/in oder Berater/in sieht in der Rat suchenden Person ihren eigenen Wert und respektiert ihre Individualität, Besonderheiten und Möglichkeiten. Eine solche vorurteilslose Akzeptanz der Person sowie eine positive Zuwendung schaffen eine Atmosphäre, die Abwehrreaktionen, Angst und Misstrauen verringert. Es geht vor allem darum, auch die Freiheit eines Rückschritts oder offensichtlicher Fehler zu gewähren. Die Entwicklung aus sich selbst heraus steht im Vordergrund, nicht das Führen in eine gewünschte Richtung. Das Vertrauen in die Rat suchende Person fördert die Selbstachtung und Selbstständigkeit. Gleichzeitig bewahrt es vor einem Abhängigkeitsverhältnis gegenüber der/dem Beratenden.

Hierin fließt das Rogersche Grundverständnis von Begegnung („Encounter") ein, das die ganze Person samt ihrer Gefühle umfasst und dementsprechend vom Therapeuten neben Akzeptanz und Empathie auch Echtheit verlangt. Diese Akzentsetzungen führen im Übrigen zu unterschiedlichen Bezeichnungen des Modells: „klientenzentrierte" oder „personenzentrierte" oder „nicht-direktive Psychotherapie". Dabei sind die beiden erstgenannten Begriffliche insofern diskussionswürdig, als dass ja auch jedes andere psychotherapeutische Modell auf die Person bzw. den Klienten oder die Klientin ausgerichtet ist.

Vor diesem Hintergrund Kongruenz (wieder) zu gewinnen bedeutet, verschiedene Aspekte im Blick zu haben:

- die Gewissheit zu haben, schwierige Situationen bewältigen und sich mit den Anforderungen der Realität auseinandersetzen zu können;
- Gefühle annehmen und ausdrücken zu können;
- Autonomie und Bindung verknüpfen zu können;
- soziale Beziehungen zu gestalten (einschließlich der Bearbeitung von Konflikten).

Aufgabe der Therapie bzw. der Beratung ist es, eine Freisetzung der Gedanken, Gefühle, Belastungserfahrungen, aber auch Wünsche und Visionen zu ermöglichen, die im Zusammenhang mit den individuellen Problemen bestehen (vgl. Rogers 1972, S. 123). Zentrale Hilfen hierbei sind:

- das aufmerksame, verstehende Zuhören;
- die Ermutigung zur Selbstartikulation;
- die akzeptierende Haltung für das, was geäußert wird, auch für negative Empfindungen;
- die Verbalisierung dessen, was die betroffene Person formuliert einschließlich der Gefühlsdimension („spiegeln").

Es wurde eingangs schon gesagt, dass die Gesprächspsychotherapie für die Beratung zahlreiche Anregungen enthält. Zum einen bietet sie einen Fundus an Interventionen, der sich in der Beratung umsetzen lässt. Zum anderen sind es ihre Grundannahmen, die zu ihrer Attraktivität beigetragen haben. Auch wenn ihr grundlegendes Vertrauen in die Entwicklungsmöglichkeiten des Menschen und des Lebens manchmal in Widerspruch zu den Dingen dieser Welt geraten kann, so wohnt dem doch eine große Ermutigung inne. Sie kann dazu anhalten, in den Trostlosigkeiten mancher Beratungserfahrung auch Entwicklungsschritte und Veränderungserfahrungen wahrzunehmen – bei den Ratsuchenden und bei sich selbst. Außerdem wird dadurch eine Sehnsucht nach Ganzheit und gelingendem Leben angesprochen, die als allgemein-menschliche Orientierung immer wieder zum Handeln bewegt.

Anregungen zur Reflexion

Gehen Sie bitte diesen Abschnitt nochmals kurz durch und markieren Sie, was Ihnen bereits bekannt ist oder war. Notieren Sie, aus welchen Zusammenhängen (Beratung, Bildungsarbeit, Ausbildung etc.) dies bekannt ist. Ergänzen Sie zu dem Abschnitt Aussagen aus der Literatur oder aus Ihrer Erfahrung, die Ihnen zusätzlich wichtig sind.

5.3 Freiheit für Neues – Das Hintergrundmodell der systemischen Therapie

In den bisher skizzierten Modellen geht es jeweils um die einzelne Person, ihr Erleben, Fühlen und Handeln, ihre Probleme und ihre Entwicklung. Mit der systemischen Therapie kommt ein weiterer, grundlegender Ansatz in den Blick, der weiträumig angelegt ist. Er geht zu einem beträchtlichen Teil auf Virginia Satir (2004 und 2007) zurück, die ihn im Wesentlichen für Familien entwickelt hat. Satir arbeitete nach ihrer psychoanalytischen Ausbildung schon früh therapeutisch mit Familien. Ihr Gegenüber waren somit nicht einfach einzelne Personen sondern die ganze Familie. Der/die Beratende muss also auf ein komplexes Ineinander aus Interaktionen, Konflikten, Koalitionen und Parteien, Erwartungen und Erwartungserwartungen, Tabus und Tabu-Brüchen eingehen können – auf ein System also, das bekanntlich mehr ist als die Summe seiner Teile.

Die Familientherapie geht davon aus, dass die Schwierigkeiten oder gar Erkrankungen einzelner Familienmitglieder nicht nur deren individuelle Angelegenheit sind, sondern mit allen anderen Familienangehörigen zusammenhängen. Es gibt also problematische bis krank machende Strukturen und Bindungen, die zunächst einmal verborgen sind, aber allmählich dem Verstehen zugänglich werden. Ganz ähnlich wie die Gesprächspsychotherapie beim Einzelnen nimmt die Familientherapie für die Familie Selbstheilungskräfte an, das so genannte „Grundpotenzial", die es dieser ermöglichen, sich aus den inneren Verstrickungen herauszuarbeiten. Das Modell geht davon aus, dass das „System" bereits über die Ressourcen zur Problemlösung verfügt, diese momentan nur nicht nutzt.

Die Therapie bzw. Beratung versteht sich dabei als Anregung zur Änderung und sieht die Kompetenz zur Umgestaltung ausschließlich im Klientensystem. Die therapeutische Kompetenz bezieht sich auf den sensiblen Umgang mit Stabilität und Instabilität. Beim „Stabilisieren" geht es um die „guten", nützlichen, sinnvollen Verbindungen und Beziehungen; beim „Labilisieren" um die hinderlichen, verstrickenden Mustern; ein „kreatives Chaos" soll durch eine Veränderung des Bedingungsgefüges erzeugt werden. Letzteres wird bereits durch die grundlegend positive Sicht auf Störungen bzw. Symptome geleistet. Wenn also das „Symptom" oder die „Störung" an sich einen Sinn bzw. eine Funktion besitzt, bedeutet dies, die Suche nach der Sinnhaftigkeit für die betroffenen Personen anzuregen. Das allein kann bereits die zentrale Überraschung für die Rat suchende Person darstellen.

Im Mittelpunkt steht hierbei eine deutlich Fokussierung auf die interne Kommunikation im System und deren Fehlformen, wie beschwichtigen, anklagen, rationalisieren und ablenken. Diesen Fehlformen sind spezifische Freiheiten entgegengesetzt, wie etwa die Freiheit, die aktuelle Realität im Hier-und-Jetzt wahrzunehmen, sich selbst zu öffnen und auszudrücken, zu sich und den eigenen Gefühlen zu stehen, um etwas zu bitten und Risiken einzugehen.

In der konkreten Arbeit verwendet das Modell der Familientherapie einen entwicklungs- und erlebnisorientierten Ansatz. Dies entspricht der Lebendigkeit und ständigen, inneren Bewegung des Systems, um das es in der Familientherapie geht. Hierbei werden Prozesse auch in der Weise gestaltet, wie sie aus dem Psychodrama und der Gestalttherapie bekannt sind. Das erklärt sich im Übrigen aus der Tatsache, dass Jacob Levy Moreno und Fritz Perls mit Virginia Satir längere Zeit zusammengearbeitet haben. Typisch hierfür ist die so genannte „Familienrekonstruktion", d.h. die Herausarbeitung Generationen übergreifender Muster, indem die Herkunftsfamilie der einzelnen Personen aufgestellt wird. Ebenso wichtig ist die „Familienskulptur", d.h. die Aufstellung der aktuellen Familiensituation aus den Perspektiven der einzelnen Angehörigen.

Eine Diagnose durch Externe wird auf diese Weise durch die Rekonstruktion des Bestehenden sowie durch die Wahrnehmung von Regelkreisläufen und Verknüpfungen innerhalb des Systems durch die Betroffenen ersetzt. Dies geschieht analog zum psychoanalytische Prinzip: durch eigenes Erinnern, Wiederholen und Durcharbeiten zum Selbstverstehen zu kommen.

Eine hilfreiche Technik ist hierbei die „Hypothesenbildung". Hypothesen haben zum Ziel, Verhalten zu erklären. Daher wird der Familie immer wieder die Frage gestellt: Wie lässt sich ein bestimmtes Verhalten erklären? Und wenn eine Hypothese gebildet ist, gilt es, neue, auch konträre Hypothesen zu finden. Das Ziel ist nicht die „richtige" Hypothese, sondern der Prozess der Hypothesenbildung durch das Familiensystem und die damit einhergehende Öffnung des Blicks für die vielen, bislang verdeckten oder „verheimlichten" Möglichkeiten des Verstehens.

Da sich die Grundsätze der systemischen Therapie auch für Einzelberatungen nutzen lassen, könnte in dem Eingangsbeispiel die junge Frau gefragt werden: „Was denken Sie wohl, was es für eine Bedeutung hat, dass Sie aus der Sitzung mit der Fallmanagerin weggegangen sind?"

Eine weitere Technik besteht in der „Zirkularität". Hier geht es darum, die verbreitete kausale Sicht durch spezifische Frageformen zu öffnen und dadurch die Wahrnehmung der Komplexität sozialer Beziehungen und des in ihnen eingebundenen eigenen Verhaltens zu öffnen. So könnte die Ratsuchende im obigen Fallbeispiel gefragt werden: „Was meinen Sie, was Ihr Weinen für mich… oder für die Fallmanagerin bedeutet?" Auf diese Weise wird Verhalten als Kommunikationsangebot an andere verstehbar, das mit bestimmten Erwartungen verknüpft ist.

Handlungskonsequenzen im Sinne von Technik hat auch das „Irreverenz-Prinzip". Alle (dogmatischen) Glaubenssysteme, Ideen sowie Gewissheiten sollten hierbei möglichst respektlos infrage gestellt werden. Allerdings ist dabei auf die volle Respektierung der Person zu achten. Ideen werden als etwas Subjektives angesehen; von ihnen gilt es, bei gleichzeitig respektvollem Verhalten gegenüber den betroffenen Personen, Abstand zu halten.

Mit dem Irreverenz-Prinzip steht die Methode der „Verstörung" in engem Zusammenhang. Sie bedeutet, vorhandene Muster, Sichtweisen und Glaubenssätze zu irritieren und dadurch zu unterbrechen. Ein interessantes Hilfsmittel hierfür ist die so genannte „Umdeutung" („Reframing" im Sinne von „Neurahmung"), mit der einem Geschehen eine andere, neue Deutung gegeben wird. Dieses Verfahren zielt darauf ab, dass sich die eigene Sichtweise bzw. Handlungsoption in der Auseinandersetzung mit, im Protest gegen oder in der Akzeptanz der ursprünglichen Haltung verändert. So könnte in dem Eingangsbeispiel die Beraterin auf die Klage der Frau M., die ARGE-Mitarbeiterin verbaue ihr die Zukunft, reagieren: „Die Fallmanagerin möchte Sie also vor einem neuen Misserfolg bewahren." „Wieso denn Misserfolg?" könnte Frau M. zurückfragen. Von da aus ergäbe sich möglicherweise ein Gespräch über die Zusammenhänge der bisherigen Erfahrungen des Scheiterns. Wenn es sich herausstellen sollte, dass die kleine Tochter tatsächlich morgens Bauchweh hat, wenn ihre Mutter zur Weiterbildung fährt, könnte die Beraterin sagen: „Die Kleine ist ganz schön klug! Sie macht es Ihnen möglich, dass Sie sich ganz mit ihr beschäftigen können." Ein zunächst als negativ erlebtes und geschildertes Verhalten wird als positiv dargestellt. Dadurch könnten die Skrupel der alleinerziehenden Mutter, die Tochter zurückzulassen, und ihre eigenen Versorgungswünsche zur Sprache kommen.

Noch intensiver als die Umdeutung wirkt die „paradoxe Intervention", in der das problematische Verhalten dem Klienten bzw. der Klientin sozusagen als Pflicht auferlegt wird. Beispielsweise kann mit einem/r Ratsuchenden, der/die regelmäßig zu spät in die Gesprächsgruppe kommt, besprochen werden: „Ich möchte mit Ihnen eine Vereinbarung treffen: Sie kommen ab jetzt immer erst um 20 Minuten nach Beginn der Sitzung in die Gruppe..." Die betroffene Person muss sich dann bewusst entschließen, zu spät zu kommen und aus eigener Verantwortung das tun, was ihr bisher – scheinbar „schicksalhaft – widerfuhr und wofür sie sich dann ganz einfach entschuldigte. In dieser Situation wird dem/der Betroffenen die prinzipielle Zuständigkeit und Verantwortung für das eigene Verhalten bewusst. So gewinnt er/sie möglicherweise Freiheit für andere Handlungsoptionen.

Anregung zur Reflexion

Als wichtige Hilfsmittel der systemischen Therapie wurden Umdeutung, paradoxe Intervention und zirkuläres Fragen bearbeitet. Diese Gestaltungsformen können ihrem Grundgedanken nach auch in Situationen mit Beratungscharakter eingesetzt werden. Wenden Sie diese Methoden nun auf die → Situationen 1 bis 4 an.

5.4 Änderung durch Lernen – Das verhaltenstherapeutische Hintergrundmodell

Die Verhaltenstherapie will menschliches Leid lindern, indem sie Kenntnisse, Fähigkeiten und Fertigkeiten der Menschen stärkt, damit diese aktiv und präventiv mit ihren Schwierigkeiten umgehen können. Das schon in der Gesprächstherapie genannte Prinzip der „Hilfe zur Selbsthilfe" steht auch hier einmal mehr im Vordergrund. Es schließt Techniken aus der angewandten Psychologie ausdrücklich mit ein.

Ein systematischer Unterschied zu den psychoanalytisch bzw. tiefenpsychologisch verankerten Modellen besteht darin, dass problematisches, Leid verursachendes Verhalten als erlernt angesehen wird. Wenn es aber *ge*lernt worden ist, dann kann es auch wieder *ver*lernt werden. Der Blick auf die Entwicklungsgeschichte bzw. Herkunft des problematischen Verhaltens gilt als weniger bedeutsam. Er wird aber nicht prinzipiell ausgeschlossen, sondern je nach Fall und Störungsbild miteinbezogen. Worauf es jedoch in erster Linie ankommt, ist eine differenzierte Wahrnehmung und Beschreibung des konkreten Verhaltens einschließlich seiner Auslöser („Reize"), Kontextbedingungen und Auswirkungen. Dies wird als „Verhaltensanalyse" bezeichnet.

Auf dieser Grundlage wird die individuell ausgerichtete Therapie entwickelt. Deren zentrales Element sind die Ziele. Sie werden durch die anzustrebenden, im Vergleich zum Bisherigen veränderten Verhaltensweisen operationalisiert. Den Zielen werden angemessene Verfahrensweisen zugeordnet. Aus der großen Zahl von Möglichkeiten sind Formen des Entspannungs- und Kommunikationstrainings, des Trainings sozialer Kompetenzen, Progressive Muskelentspannung oder Systematische Desensibilisierung am bekanntesten.

Ziele und Vorgehensweise werden in einem Vertrag erfasst. Dessen Leistungsfähigkeit und Vorteil besteht in der Definition der wechselseitig zu übernehmenden Aufgaben. Das stellt ein wichtiges Element der „Compliance" dar, die in der Verhaltenstherapie eine große Rolle spielt. Die eingesetzten Verfahren werden hinsichtlich ihrer Wirksamkeit und Nachhaltigkeit überprüft (vgl. Reinecker 1999 und Margraf 2000).

Wie schon bei den bisher skizzierten Modellen kann es auch bei der Verhaltenstherapie nicht um deren vollständige Umsetzung ins Beratungshandeln gehen. Vielmehr ist auch hier interessant, inwiefern das Modell anregt, eigene Handlungsformen zu reflektieren oder fallweise anzureichern. Die Anregungsfunktion dürfte überall dort zum Zuge kommen, wo eine Änderung offensichtlichen Verhaltens sehr naheliegt und „nur noch" Bewusstheit und Übung nötig sind, um die gewünschte Änderung zu erreichen.

Wenn beispielsweise im oben genannten Beispiel die junge Frau den verständlichen Wunsch hat, in einem erneuten Gespräch mit der Fallmanagerin nicht wieder in Tränen auszubrechen und in dem Beratungsgespräch zuvor ihren Zorn und ihre Hilflosigkeit in jener Situation wahrgenommen und artikuliert hat, erscheint es durchaus möglich, mit ihr die Wiederbegegnung mit der Amtsperson zu üben – vom Eintreten in den Raum über die ersten Worte bis hin zu Argumentationssequenzen. Oder es werden genaue Abläufe festgelegt, die beim erneuten Treffen ausgewertet werden. Dass auch hier die tragfähige, vertrauensvolle Beziehung zwischen Berater/in bzw. Anleiter/in und Rat suchender Person ganz wesentlich für den Erfolg solcher Interventionen ist, wird auch in der Verhaltenstherapie zunehmend anerkannt.

Anregung zur Reflexion

Ein wichtiger Impuls aus dem verhaltenstherapeutischen Modell ist die Formulierung von Zielen, möglichst versehen mit konkreten Angaben. Daran soll erkennbar werden, ob sie erreicht wurden. Prüfen Sie im Abschnitt 3.1, an welchen Stellen sich diese Anregung verwirklicht findet. Denken Sie im Blick auf Ihre gegenwärtige Lebenssituation an ein Ziel, das Sie bereits verfolgen oder Ihnen in diesem Augenblick einfällt; halten Sie konkrete Aspekte fest, die deutlich machen, dass das Ziel verwirklicht ist.

5.5 Wiederbelebung von Vergangenem – Übertragung und Gegenübertragung

Anliegen der folgenden Ausführungen soll es sein, eine Verbindung von Rück- und Ausblick herzustellen. Im Rückblick werde ich die Freudsche Psychoanalyse mit einem spezifischen Handlungsaspekt verknüpfen. Im Ausblick wird es um die alltägliche Praxis sowohl in der Bildungsberatung als auch in der weiter gefassten, pädagogisch-didaktischen Arbeit gehen.

Wenn man Beratung als ein Beziehungsgeschehen versteht, wird davon ausgegangen, dass Personen zusammentreffen, die ihren je eigenen Hintergrund in das Geschehen einbringen. Vor diesem Hintergrund wirken sie in der jeweils aktuellen Situation aufeinander ein. Diese oftmals feinspurigen Vorgänge werden in psychoanalytisch ausgerichteter Begrifflichkeit als „Übertragung" und „Gegenübertragung" bezeichnet.

5.5.1 Zum Begriffsverständnis

Das fachliche Verständnis von „Übertragung" unterscheidet sich vom alltäglichen Verständnis. Meint man im Alltag, dass man etwas von einer Situation in eine andere mitnimmt (z.B. etwas Gelerntes aus dem Seminar in die Berufspraxis), geht das tiefenpsychologische Verständnis von Übertragung weiter und setzt einen anderen Akzent. Um dies zu verdeutlichen, bezieht sich das Folgende ausschließlich auf Schriften Sigmund Freuds, also auf ursprüngliche Quellen.

> Was sind die Übertragungen? Es sind Neuauflagen, Nachbildungen von den Regungen und Phantasien, die während des Vordringens der Analyse erweckt und bewußt gemacht werden sollen, mit einer für die Gattung charakteristischen Ersetzung einer früheren Person durch die Person des Arztes. Um es anders zu sagen: eine ganze Reihe früherer psychischer Erlebnisse wird nicht als vergangen, sondern als aktuelle Beziehung zur Person des Arztes wieder lebendig (Freud 1997g, S. 180).

An anderer Stelle heißt es:

> Wir meinen eine Übertragung von Gefühlen auf die Person des Arztes, weil wir nicht glauben, daß die Situation der Kur eine Entstehung solcher Gefühle rechtfertigen könnte. Vielmehr vermuten wir, daß die ganze Gefühlsbereitschaft anderswoher stammt, in der Kranken bereits vorbereitet war und bei der Gelegenheit der analytischen Behandlung auf die Person des Arztes übertragen wird (Freud 1997c, S. 425).

Der wesentliche Unterschied zum alltagssprachlichen Verständnis von Übertragung besteht also darin, dass frühere Gefühle wieder neu belebt werden, also „Neuauflagen" oder „Nachbildungen" darstellen. Früheres wird sozusagen wachgerüttelt. Und dies geschieht in einer Situation, die schwerlich die Gefühlslage erklärt und/oder rechtfertigt.

Um ein im fachlichen Sinne korrekt als „Übertragung" zu bezeichnendes Geschehen handelt es sich, wenn beispielsweise der Berater oder die Beraterin dem Wunsch eines jungen Mannes, eine Pilotenausbildung machen zu wollen, mit dem Hinweis auf die außerordentlich hohen Anforderungen im Blick auf Teamfähigkeit begegnet und der Ratsuchende daraufhin sich als Person verletzt, abgewiesen und missverstanden fühlt. Das könnte eine „Nachbildung", eine Wiederbelebung früherer Empfindungen des kleinen Jungen sein, der sich in seinem Zuwendungsbedürfnis immer wieder abgewiesen fühlte. Es könnte aber ebenso der Ärger und das Verletzungsgefühl des Kindes sein, dessen Wünsche beständig erfüllt worden sind, das aber kaum realitätsgerechte Grenzziehungen erfuhr. Das zweimalige „könnte“ verweist auf die nötige Verbindung von Wahrnehmung und Zurückhaltung. In solchen Situationen der Neuauflage früherer Gefühlslagen ist zunächst die Wahrnehmung wichtig, dass jetzt etwas geschieht, was seine Verankerung außerhalb der aktuellen Situation hat. Zugleich aber ist Vorsicht mit vorschnellen Interpretationen („Aha, jetzt überträgt er...“) geboten. Letztlich kann die betroffene Person nur in einem längeren, vertrauensvollen Gespräch selbst entdecken, was auf sie zutrifft.

Um dem tiefenpsychologischen Verständnis von Übertragung folgen zu können, ist es ratsam, sich zwei Grundannahmen der Psychoanalyse bewusst zu machen:

1. Grundannahme: Regungen und Gefühle, Gedanken und Empfindungen können bewusst, vorbewusst und unbewusst sein. In allen drei Zuständen wirken sie, können also unser Handeln beeinflussen.

In Freuds Worten klingt dies folgendermaßen:

> Eine Vorstellung – oder jedes andere psychische Element – kann jetzt in meinem Bewußtsein gegenwärtig sein und im nächsten Augenblick daraus verschwinden; sie kann nach einer Zwischenzeit ganz unverändert wiederum auftauchen, und zwar, wie wir es ausdrücken, aus der Erinnerung, nicht als Folge einer neuen Sinneswahrnehmung (Freud 1997e, S. 29).

> Wir fanden ein wirksames Vorbewußtes, das ohne Schwierigkeiten ins Bewußtsein übergeht, und ein wirksames Unbewußtes, das unbewußt bleibt und vom Bewußtsein abgeschnitten zu sein scheint (ebd., S. 33, Herv. im Original).

2. Grundannahme: Alles Psychische ist „ewig“. Dies gilt in dem Sinne, dass es der betroffenen Person bleibt, auch wenn es ihr bei Weitem nicht immer gegenwärtig ist.

Ferner ist darauf hinzuweisen, dass das Phänomen der Übertragung und Gegenübertragung zwar im Rahmen der Psychoanalyse entdeckt und erörtert wurde, keineswegs aber nur auf psychisch Kranke und die Situation der psychoanalytischen Behandlung begrenzt ist. Unter Berücksichtigungen des Freudschen Krankheitsverständnis kann davon ausgegangen werden, dass die psychisch Kranken in einer extremen Ausprägung etwas zeigen, was alle Menschen als Potenziale haben (vgl. Freud 1997d, S. 497). Freud verdeutlicht lediglich, dass die Übertragung stärker in der Analyse zum Vorschein kommt und folglich vorrangig auch in diesem Kontext bearbeitet wird (vgl. Freud 1997k, S. 160f.).

Dass die Übertragung nicht an psychische Störung gebunden ist, zeigt sich auch durch die Möglichkeit der Gegenübertragung. Es ist wahrscheinlich, dass Freud nicht von einem Analytiker mit psychischer Störung ausging, sondern von einem relativ gesunden Menschen, der dennoch seinerseits einen Übertragungsprozess vollziehen kann, nämlich die Gegenübertragung.

> Wir sind auf die „Gegenübertragung" aufmerksam geworden, die sich beim Arzt durch den Einfluß des Patienten auf das unbewußte Fühlen des Arztes einstellt, und sind nicht weit davon, die Forderung zu erheben, daß der Arzt diese Gegenübertragung in sich erkennen und bewältigen müsse (Freud 1997j, S. 126).

In dem wiedergegebenen Zitat wird deutlich, dass auch der psychoanalytische Therapeut nicht davor gefeit ist, die Übertragung durch eine Gegenübertragung gleichsam zu beantworten. Im Gegenteil: Er wird explizit dazu aufgefordert, die Gegenübertragung zu erkennen und dann zu bewältigen.

Wenn also etwa ein Patient eine positive Übertragung auf den Arzt erlebt, er in dem Arzt einen väterlichen Freund findet und der Arzt diese Rolle annimmt und ausfüllt (indem er ihm beispielsweise die unangenehme Aufgabe eines Konfliktgesprächs mit seinem Vorgesetzten abnimmt), dann hat die Übertragung ein Gegenstück und kann dadurch nicht angemessen bearbeitet werden.

Bereits 1912 differenzierte Freud zwischen „positiver" und „negativer" Übertragung (vgl. Freud 1997k, S. 158). Die positive Übertragung zeigt sich nach Freud als stürmische Liebesanforderung, als der Wunsch, bevorzugte Tochter oder bevorzugter Sohn zu sein, oder als Vorschlag einer unzertrennlichen, aber ideal unsinnlichen Freundschaft. Die negative Übertragung, die nach Freuds Ansicht eher bei männlichen Personen auftritt, zeigt sich in feindlichen Gefühlen wie Wut, Ärger oder auch Hass (vgl. Freud 1997c, S. 425f.).

Dem tiefenpsychologischen Verständnis von Übertragung liegt also das Wiederbeleben von früheren Gefühlslagen zugrunde, die ihren Ursprung in der Vergangenheit und nicht in der Gegenwart haben. Einen Hinweis für die Erkennung von Übertragungssituationen gibt der Eindruck von situativ unangemessenen, heftig positiven oder negativen Gefühlen.

Die Gegenübertragung ist in diesem Verständnis die Reaktion auf diese Gefühle im Sinne einer Entsprechung. Die Schwierigkeit der Gegenübertragung liegt vor allem darin, dass der Übertragung Raum gegeben und die Möglichkeit des bewussten Umgangs und der Auseinandersetzung mit diesen Gefühlen und ihrem eigentlichen Ursprung verhindert wird.

Von der Übertragung ist die „Projektion" zu unterscheiden. Die Projektion zählt nach Freud zu den Abwehrmechanismen. Demnach bezieht sich die Projektion auf eine *aktuelle* Gefühlsregung, die nicht zugelassen, sondern stattdessen dem Gegenüber unterstellt wird. Zur Illustration sei hier nochmals auf das Fallbeispiel des 5. Kapitels zurückgegriffen: Die junge Frau hat Selbstzweifel und Versagensängste angesichts einer weiteren Qualifizierungsmaßnahme. Diese Regung wird unterdrückt, weil sie sehr unangenehm ist. Stattdessen wird die Fallmanagerin als diejenige gesehen, die den Erfolg bezweifelt, ja verhindert. Oder: Man mag einen Menschen sehr; dies ist eine innere Regung. Diese wird unterdrückt, weil sie „zu gefährlich" ist. Die Person wird im Umkehrschluss wahrgenommen als jemand, der sich potenziell von der eigenen Person abwendet. Entsprechenden Verhaltensweisen, z.B. wenn die Person nicht anruft, wird überhöhte Bedeutung zugeschrieben.

5.5.2 Das Zustandekommen von Übertragung

Die Möglichkeit zur Übertragung wohnt jedem Menschen inne. Freud beschreibt den Hintergrund für die positive Übertragung wie folgt:

> Machen wir uns klar, daß jeder Mensch durch das Zusammenwirken von mitgebrachter Anlage und von Einwirkungen auf ihn während seiner Kinderjahre eine bestimmte Eigenart erworben hat, wie er das Liebesleben ausübt, also welche Liebesbedingungen er stellt, welche Triebe er dabei befriedigt und welche Ziele er sich setzt. Unsere Erfahrungen haben nun ergeben, daß von diesen das Liebesleben bestimmenden Regungen nur ein Anteil die volle psychische Entwicklung durchgemacht hat; dieser Anteil ist der Realität zugewendet, steht der bewußten Persönlichkeit zur Verfügung und macht ein Stück von ihr aus. Ein anderer Teil dieser libidinösen Regungen ist in der Entwicklung aufgehalten worden, er ist von der bewußten Persönlichkeit wie von der Realität abgehalten, durfte sich entweder nur in der Phantasie ausbreiten oder ist gänzlich im Unbewußten verblieben, so daß er dem Bewußtsein der Persönlichkeit unbekannt ist. Wessen Liebesbedürftigkeit nun von der Realität nicht restlos befriedigt wird, der muß sich mit libidinösen Erwartungsvorstellungen jeder neu auftretenden Person zuwenden, und es ist durchaus wahrscheinlich, daß beide Portionen seiner Libido, die bewußtseinsfähige und die unbewußte, an dieser Einstellung Anteil haben (Freud 1997k, S. 159 f.).

Diese Ausführungen zeigen also, dass es sich bei den Neuauflagen von alten Gefühlen vor allem um jene handelt, die nicht ausgelebt werden konnten und in der Folge unbewusst wurden oder geblieben sind. Was Freud für die positive Übertragung so ausführlich beschreibt, nimmt er auch für die negative Übertragung an.

Die Übertragung vollzieht sich jedoch nicht beliebig. Sie setzt sozusagen an einem Ankerpunkt an, der die früheren Gefühle wieder wachruft:

> Unserer Voraussetzung gemäß wird sich diese Besetzung an Vorbilder halten, an eines der Klichees anknüpfen, die bei der betreffenden Person vorhanden sind, oder, wie wir auch sagen können, sie wird den Arzt in eine der psychischen „Reihen" einfügen, die der Leidende bisher gebildet hat (Freud 1997k, S. 160).

5.5.3 Übertragung und Gegenübertragung im Kontext von Beratung

In einer „psychischen Reihe" mag sich auch ein Berater bzw. eine Beraterin wiederfinden, wenn er oder sie mit Gefühlsreaktionen konfrontiert wird, die auf den ersten Blick im gemeinsamen Gespräch keinen Anlass haben. Das kann in dem vorhin genannten Beispiel einer sachgerechten Information angesichts des emotional stark besetzten Wunsches, Pilot werden zu wollen, der Fall sein. Das kann auch der Fall sein, wenn sich jemand in der Beratungsbeziehung einrichten möchte, also beispielsweise immer wieder auftaucht, obwohl die Gespräche abgeschlossen sind, oder die private Telefonnummer des Beraters bzw. der Beraterin ausfindig gemacht hat und dann am Wochenende oder abends anruft usw.

Die Professionalität des Beraters bzw. der Beraterin zeigt sich darin, zunächst einmal das Auseinanderklaffen zwischen der gegenwärtigen Situation und der aktuell ausbrechenden Gefühlslage der Ratsuchenden wahrzunehmen. Zur gegenwärtigen Situation gehören natürlich auch das eigene Verhalten sowie die eigenen Interventionen und Reaktionen des Beraters bzw. der Beraterin. Das macht wiederum deutlich, dass „Wahrnehmung der Situation" im Beratungsgeschehen immer auch Selbstwahrnehmung bedeutet, die sozusagen gewohnheitsmäßig mitläuft.

Aus dieser, in der Realität intuitiv ablaufenden Zusammenschau von eigenem Verhalten, äußeren Gegebenheiten und Verhalten des Gegenübers erwächst dann jenes Bewusstsein eines Unterschieds zwischen tatsächlicher Situation und Gefühlsreaktionen des Gegenübers, das zu der Erkenntnis führt, dass hier etwas passiert, was mit dem Hier und Jetzt wenig zu tun hat, sondern woanders verankert ist.

Wenn jemand sich in eine Übertragung hineinbegeben hat, ist es für ihn oder sie nicht leicht, Informationen aufzunehmen: Die Aufmerksamkeit ist von der eigenen Gefühlswelt besetzt, die sich ja vom Inneren her auf das Äußere ausgeweitet hat. Das macht das Hören und Verstehen von Daten und Fakten schwer. Ebenso schwer fällt es, rational abzuwägen und sachbezogen zu entscheiden. Es geht im Augenblick ja gerade nicht um Sachverhalte; und wenn, dann um solche, die zwar real sind (im Sinne von innerseelisch real), aber nicht gegenwärtig. „Das ist nicht logisch, sondern psycho-logisch", sagte dazu einmal ein Berater.

Welche Konsequenzen die Wahrnehmung einer Übertragung hat, hängt in starkem Maße von der Einschätzung der Situation, aber auch von den Möglichkeiten des eigenen Umgangs damit ab. Sie reichen von der expliziten Bestätigung („Ich habe den Eindruck, Sie sind jetzt sehr bewegt..." oder „Ich habe den Eindruck, da spielt noch etwas anderes mit, das mit uns nichts zu tun hat...") über das freundliche

Beenden der Situation („Ich glaube, es ist besser, wir schließen für heute ab und machen einen neuen Termin aus...") bis hin zum Vorschlag, sich mit den eigenen Reaktionsformen intensiver auseinanderzusetzen, als das unter den gegebenen Umständen der Fall ist, und hierfür eine Therapie zu nutzen.

Vorsicht ist in zweierlei Richtung geboten: Zum einen, wenn innerlich die Regung auftaucht, die Übertragung „knacken" zu wollen. Das könnte ein Signal für eine beginnende Gegenübertragung sein, die sich anschickt, den Machtkampf aufzunehmen. Zum anderen, wenn die Erwartung entsteht, eine deutliche Übertragung schnell „therapieren" zu können. Insofern finden wir die nächstliegenden Schlüsse im Umgang mit Übertragungen immer bei uns selbst: in unserer eigenen Gegenübertragungen oder auch in unseren Übertragungen, sofern wir sie wahrnehmen. Eine Hilfe können hierbei Supervision, so genannte Balintgruppen[6] oder eine wirklich stimmig gestaltete Praxisberatung in der Gruppe bieten.

Anregung zur Reflexion

Denken Sie bitte an Ihre Tätigkeit in der Bildungsarbeit oder Beratung oder – wenn Sie in diesen Bereichen (noch) nicht tätig sind – an Ihre Ausbildung, Ihr Praktikum oder Ähnliches. Denken Sie an Verhaltensweisen anderer, die Ihnen entgegengebracht worden sind, oder an eigene Verhaltensweisen. Bitte prüfen Sie, ob sich hier Elemente der Übertragung oder Gegenübertragung wieder finden.

6 Balintgruppen sind Gruppen, in denen Fälle aus der Arbeit von Personen mit Beratungsaufgaben, Therapeut/inn/en, Pädagog/inn/en, Ärzt/inn/en usw. unter dem Aspekt der Beziehung bearbeitet werden.

6. Lernberatung – Biographie und aktuelle Situation

Das folgende Kapitel widmet sich konkret der Lernberatung. Dabei wird besonderer Wert auf die Einbindung des individuellen und gemeinsamen Lernens in lebensgeschichtliche Zusammenhänge gelegt. Damit verbindet sich das Ziel, aus dem biographischen Zugang heraus Formen der Lernunterstützung zu entwickeln.

6.1 Lernen im Lebenslauf – Ansatz für Beratung

Lebenslanges Lernen lässt sich auch als biographischer Bewältigungsprozess sehen. Der Begriff „biographische Lebensbewältigung" wird verwendet, wenn es darum geht, das „Streben nach psychosozialer Handlungsfähigkeit" (Böhnisch 1997, S. 25) zu bezeichnen.

Erwachsene haben im Laufe ihres Lebens Erfahrungen in verschiedenen Lebensbereichen gesammelt. Sie sind somit „als Lernende geprägt von ihrer Biographie" (Tietgens 1991, S. 216). Die Bedeutung, die diese „Aufschichtung von Erfahrungen" für den Lernenden einnimmt, ist für alle folgenden Lernprozesse sehr hoch. (Lern-) Erfahrungen und erprobte Bewältigungsstrategien bestimmen den Umgang mit neuen Lebensphasen und Lernsituationen.

> Will Erwachsenenbildung wirksam werden, müssen Vorstellungen davon vorhanden sein, welche Lebenserfahrungen und Lernvergangenheiten die potentiellen Teilnehmer mitbringen. Dabei geht es nicht um ein bestimmtes Wissen sondern um eine Ahnung des Möglichen, mit dem zu rechnen ist, auf das bei Lernschwierigkeiten einzugehen ist, die bei der Lernberatung beachtet sein wollen (ebd.).

Eine besondere Herausforderung stellt in diesem Zusammenhang das selbstgesteuerte und selbstorganisierte Lernen dar. Wenn es mit der Frage nach angemessener Unterstützung verbunden wird, könnte diese Spannung zwischen „selbst und unterstützt" (Nounla 2004) durchaus als Widerspruch erscheinen. Aber gerade hier eröffnet ein biographisch ausgerichteter Zugang Handlungsmöglichkeiten, die für die Erwachsenen- bzw. Weiterbildung insgesamt von Interesse sind.

6.2 Selbstwahrnehmung und Gruppengespräche – Praktische Hilfen

Im Folgenden werden Hilfsmittel vorgestellt, die bei der Wahrnehmung von Lernvorgängen und Lernerfahrungen, aber auch Lernschwierigkeiten eingesetzt werden könnten. Diese Unterstützungsmaterialien für Lernberatung greifen besonders den Aspekt „Lernen im Lebenslauf" auf, also die biographische Orientierung, und wollen diese für das unterstützende Handeln fruchtbar machen. Sie sind zum Teil für explizite, zum Teil für implizite, zum Teil auch für beide Beratungssituationen einsetzbar.

6.2.1 Lernbiogramm

Anwendung
Das Lernbiogramm stellt ein Verfahren bzw. Instrument dar, mit dem zeitliche Lebensabschnitte (auf der horizontalen Achse) und konkrete Lernsituationen (auf der vertikalen Achse) dargestellt werden können. Mit dessen Hilfe können wichtige Kompetenzen und Qualifikationen der lernenden Person bewusst gemacht werden. Das Verfahren lässt sich gemeinsam von Rat suchender Person und Berater/in oder allein vom Lerner bzw. von der Lernerin einsetzen. Für Lernberater/innen und Kursleiter/innen ist das Instrument von Bedeutung, wenn es darum geht, die Vorerfahrungen der Teilnehmenden einzubeziehen.

Lerner/innen können das Instrument verwenden, um sich selbst über bisherige Lernsituationen und -erfahrungen Klarheit zu verschaffen und um Kompetenzen zu erkennen, die in informellen, alltäglichen oder lebenslaufspezifischen Situationen erworben worden sind. Dies kann Grundlage sein, um bestimmte Kenntnisse oder Fähigkeiten zu vertiefen oder beispielsweise in einem Bewerbungsschreiben Kompetenzen und Qualifikationen entlang der Biographie zu verdeutlichen.

Anleitungen
Vervollständigen Sie die waagerechte bzw. horizontale Ebene, indem Sie die Stationen ihrer Biographie eintragen (Schulausbildung, Berufsausbildung, Arbeitsstellen, längerfristige Lehrgänge). Fügen Sie auf der senkrechten Ebene Situationen und Anlässe ein, in denen Sie etwas gelernt haben, und setzen Sie dabei ein Kästchen in die zeitlich dazugehörige Station (z.B. zur Berufsausbildung). Überlegen Sie sich in einem nächsten Schritt Kompetenzen, die Sie in diesen Situationen erworben haben, und schreiben Sie diese dazu. Ein Beispiel für die Erstellung des Lernbiogramms befindet sich in der folgenden Abbildung.

Abbildung 3: Lernbiogramm

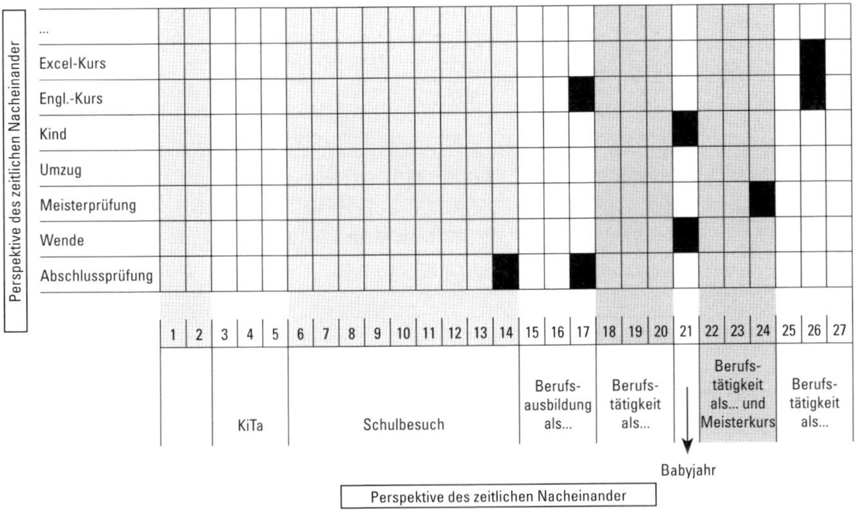

6.2.2 Anamnestische Fragestellung

Anwendung

In der Beratung, die sich als „Hilfe zur Selbsthilfe" versteht, steht die Rat suchende Person im Mittelpunkt. Sie soll mit Hilfe der Beratung Wege finden, die es ihr ermöglichen, Probleme zu bewältigen und eigene Lösungen zu entwickeln, die sich an den individuellen Ressourcen orientieren. Dabei können folgende Fragestellungen im Zusammenhang mit lernbiographischen Aspekten von Bedeutung sein:

- „Was waren für Sie wichtige Situationen in ihrer Biographie, in denen Sie etwas hinzugewonnen haben, wo Sie sich innerlich verändert haben?"
- „Wie sieht eine Situation aus, in der Sie viel gelernt haben?"
- „Wie sehen Situationen aus, in denen Sie weniger gelernt haben? Woran lag das?"
- „Wenn Sie Ihre jetzige Lebenssituation ansehen: Wo gibt es hier Herausforderungen oder Anreize zum Lernen?"
- „Wo sehen Sie bei sich selbst Kräfte und Energien für ihre jetzige Lernsituation?"
- „Wo sehen Sie Schwierigkeiten?"

6.2.3 Lerntagebuch

Anwendung
Das Lerntagebuch kann als Begleitinstrument für längerfristig angelegte Lernvorgänge und zur Unterstützung von Beratungsgesprächen dienen. Hier werden aufgrund einer Anleitung durch die beratende Person oder durch die Kurs- bzw. Seminarleitung persönliche Erwartungen, Lernziele und deren Realisierung in Form von Lernfortschritten, aber auch ganz individuelle Eindrücke und Erfahrungen im Zusammenhang mit dem Lerngeschehen dokumentiert. Falls das Wort „Tagebuch" unangenehme Empfindungen auslöst, kann auch der Begriff „Logbuch" verwendet werden.

Das Lerntagebuch ermöglicht:
- eine persönliche Dokumentation des Lerngeschehens,
- eine Sicherung von Lernergebnissen (da die Teilnehmenden im Aufschreiben selbst auswählen, was ihnen wichtig ist und da selbst Aufgeschriebenes besser „behalten" wird),
- eine fortlaufende Reflexion des Lernwegs,
- das Entstehen eines „persönlichen Buches".

Anleitungen
Zum Einstieg eignen sich folgende Fragen:
- „Was reizt mich an dem Thema...?"
- „Was möchte ich am Ende des Seminars (des Kurses usw.) genauer wissen (können, erfahren haben o.Ä.)?"
- „Was soll sich nach dem Seminar für mich verändert haben?"

Zur Zwischenauswertung eigenen sich folgende Fragen:
- „Was ist mir wichtig geworden?"
- „Wie habe ich mich selbst in meinem eigenen Lernen wahrgenommen? Was daran ist mir vertraut – und was daran ist neu?"
- „Was sollte unbedingt noch behandelt werden?"
- „Was macht mich zufrieden/unzufrieden?"
- „Wie sehen meine nächsten Schritte aus?"

Zur Schlussauswertung eignen sich folgende Fragen:
- „Was habe ich Neues entdeckt?"
- „Was habe ich vermisst?"
- „Woran werde ich noch weiterarbeiten?"
- „Wie habe ich mich selbst in meinem eigenen Lernen wahrgenommen? Was daran ist mir vertraut – und was daran ist neu?"

6.2.4 Lernweg

Anwendung
Der persönliche Lernweg in einer spezifischen Lebenssituation (z.B. der erste Tag in der neuen Tätigkeit, die Einschulung des Kindes, das Fest zu einem runden Geburtstag) oder in einem formellen Lehr-Lern-Arrangement (also in einem Lehrgang, einem Seminar usw.) stellt gewissermaßen eine Lernbiographie im Kleinen dar. Gemeinsam mit der großen Biographie des Lernens im Lebenslauf ist ihr das Prozesshafte und die Möglichkeit vielfältiger Eindrücke und Erfahrungen. Sich diesen Prozess-Charakter anhand eingegrenzter, überschaubarer Situationen zu verdeutlichen, steigert die Wahrnehmungsfähigkeit für das eigene Lernen überhaupt.

Ein Hilfsmittel hierzu bietet die Methode „Lernweg". Die Person wird gebeten, auf einem Blatt aufzuzeichnen, wie sie ihren Weg durch eine einzelne Situation (der oben erwähnte „erste Tag" usw.), durch einen bestimmten, evtl. auch längeren Zeitabschnitt ihres Lebens (z.B. die Zeit zwischen Verlust der vorherigen Stelle und Beginn einer neuen Tätigkeit) oder durch ein formelles Lehr-Lern-Arrangement (einen Kurs, ein Seminar usw.) erfahren hat. Sie möge durch Auf und Ab, Kurven und Geraden und durch einfache Symbole markieren, was ihr widerfahren ist, was ihr wichtig wurde, wo es Höhen und Tiefen gab, Licht und Dunkelheit, wo es Überraschungen gab oder Bedrohliches.

Diese Zeichnung kann Grundlage sein für:
- ein Einzelgespräch (in der expliziten Lernberatung) über die persönliche Art und Weise zu lernen oder über ein künftiges Lernvorhaben;
- einen Austausch zwischen jeweils zwei oder drei Personen einer Lerngruppe mit der weiterführenden Aufgabe, Gemeinsamkeiten und Unterschiede festzustellen und diese dann in die nachfolgende Gruppendiskussion einzubringen;
- eine Gruppendiskussion, die sich unmittelbar anschließt und in der die Teilnehmenden erzählen, was ihnen bei der Gestaltung ihrer Skizzen und Bilder aufgefallen ist.

6.2.5 Lebenslinie

Anwendung
Die Lebenslinie kann in ein Gespräch zwischen Rat suchender und beratender Person einbezogen oder in Kursen und Seminaren als Sequenz aus Zeit für sich oder im anschließenden Austausch in der Gruppe eingesetzt werden. Grundlage

bildet eine Darstellung mit einem Zeitstrahl aus Zahlen für das Lebensalter (siehe Abbildung 4).

Abbildung 4: Lebenslinie

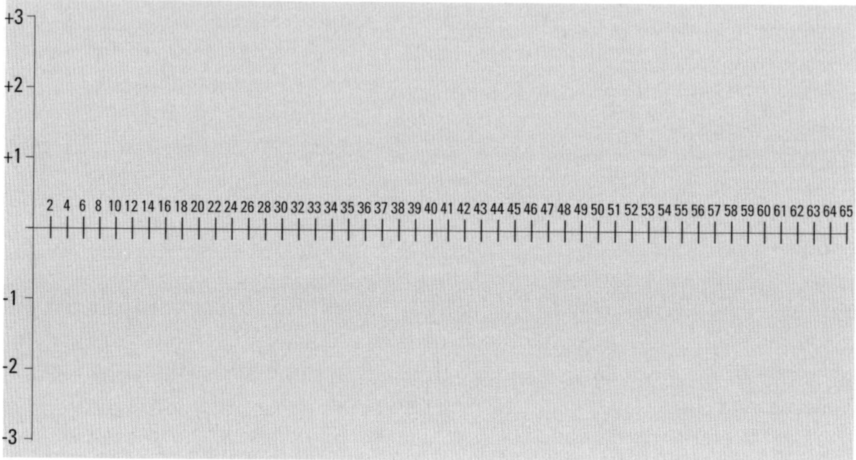

Anleitung

Bitte erinnern Sie sich an Situationen in Ihrem Leben, die etwas mit „Lernen" zu tun hatten. Versetzen sie sich in die Empfindungen hinein, die Sie damals hatten. Markieren Sie die betreffende Situation auf der Abbildung, indem Sie zwei Aspekte miteinander verbinden: den zeitlichen Ort (also das Jahr, in dem Sie in der Situation waren) auf der Zeitleiste und Ihr damaliges Empfinden in den Feldern oberhalb oder unterhalb der Zeitleiste. Dabei können Sie die Wertungen von „+ 3" für „sehr angenehm" bis „- 3" für „sehr unangenehm" in verschiedenen Abstufungen verwenden. Wenn das Blatt ausgefüllt wird, sollte die Erinnerung erst einmal bei den inneren Reaktionen ansetzen, die das Nachdenken und Eintragen ausgelöst hat. Im weiteren Verlauf können z.B. die Merkmale angenehmer, gelingender Lernsituationen herausgearbeitet werden.

6.2.6 Gruppendiskussion

Anwendung

Die Gruppendiskussion dient der Identifikation von Lernproblemen, von Erfolgsfaktoren individuellen und gemeinsamen Lernens und der Reflexion von Lernprozessen. Die gemeinsame Thematisierung von Lernen in Gruppengesprächen kann sehr fruchtbar sein, da Lernschwierigkeiten und Lernmotivationen oftmals ähnlich gelagert sind. Der Austausch darüber regt gegenseitige Beratungsprozesse in vielerlei Form an. Gleichzeitig werden gemeinsam Bewältigungsmöglichkeiten gesucht. Die Leitung eines Kurses, Seminars usw. kann hier im Sinne von Lernberatung unterstützend und moderierend wirken. Es können beispielsweise gemeinsame Lernschritte in der Gruppe vereinbart werden oder es finden sich Lerngruppen.

Anleitungen

Im Folgenden werden einige Gesprächsanstöße aufgeführt, die in einer Gruppendiskussion den Austausch über Lernen und eine biographische Orientierung aktivieren können. Es handelt sich um Formulierungsvorschläge, die zur Auswahl je nach Situation und Gruppenkonstellation gedacht sind.

Einstiegsimpulse (für eine erste Gruppendiskussion) können aus folgenden Sätzen abgeleitet werden:

- „Lernen bedeutet für mich..."
- „Ich lerne am leichtesten, wenn ich..."
- „Wichtige Lernerfahrungen habe ich gesammelt bei..."
- „Für mein Lernen in diesem Kurs (Seminar, Lehrgang o.Ä.) wünsche ich mir..."

Zur Zwischenauswertung dienen folgende Fragen:

- „Wie habe ich mich selbst in meinem eigenen Lernen wahrgenommen? Was daran ist mir vertraut – und was daran ist neu?"
- „Was ist mir wichtig geworden?"
- „Was sollte unbedingt noch behandelt werden?"
- „Was war für das Lernen bisher förderlich, was war hinderlich?"
- „Um besser lernen zu können, wünsche ich mir..."
- „Nächste Schritte könnten sein..."

Für die Schlussauswertung eigenen sich folgende Reflexionen:

- „Mein Lernweg in diesem Kurs (Seminar, Lehrgang etc.)..."
- „Für meine Art zu lernen ist mir aufgefallen..."
- „Ich nehme mit (als Ergebnis, als Anregung, als Frage)..."
- „Für mich ist offen geblieben..."

6.2.7 ProfilPASS

Anwendung

Ein umfassendes Hilfsmittel zur Selbsterkundung im Zusammenhang mit Lernen und Kompetenzentwicklung, aber auch mit Unterstützungs- und Beratungsbedarf stellt der „ProfilPASS" (2006) dar, der in einem Projekt des Bundesministeriums für Bildung und Forschung (BMBF) und der Bund-Länder-Kommission für Bildungsplanung und Forschungsförderung entwickelt worden ist. In mehreren Teilen führt der „ProfilPASS" zur Selbstwahrnehmung und -exploration des eigenen Lebenslaufs, der bisherigen Tätigkeitsfelder mit den dazugehörigen Lernprozessen und -ergebnissen, zu einer Bilanzierung von Kompetenzen sowie zur Formulierung von Zielen und nächsten Schritten. Für die Bildungsberatung in der Erwachsenenbildung kann all dies wertvolles Grundlagenmaterial für gemeinsame Klärungsprozesse sein (URL: www.profilpass.de).

Anregungen zur Reflexion

Bitte nehmen Sie die Abbildung 5 nochmals zur Hand und bearbeiten Sie diese nach der Anleitung, die im Text gegeben wird. Halten Sie anschließend fest, was diese Arbeit in Ihnen an Empfindungen, Bildern und konkreten Erinnerungen ausgelöst hat. In zweiten Schritt prüfen Sie, welche Erkenntnisse und Anregungen Ihnen die Lebenslinie und Arbeit daran für Ihr Lernen gibt.

Sofern Sie in der Bildungsberatung oder pädagogisch-didaktisch tätig sind, überlegen Sie, wo Sie die Lebenslinie oder andere der dargestellten Hilfsmittel einsetzen könnten.

7. Professionalität und Professionalisierung: Kompetenz – Profil – Anerkennung

Es geht in diesem Kapitel um die Frage, was der oder die Beratende für das Beratungshandeln braucht – also um ein Verständnis von Professionalität. Weiterhin soll dargestellt werden, wie diese Professionalität erworben wird und der oder die Beratende sich profilieren und positionieren kann – also um die Professionalisierung.

7.1 Kompetenzen für Beratungshandeln

Die Komplexität des Beratungshandelns nimmt zu, wenn Beratung als Begleitdimension jeglicher Bildungsarbeit gesehen wird. Das gilt auch für jene Bereiche, die eher durch herkömmliche Lehr-Lern-Aktivitäten realisiert werden, wie etwa Kurse und Lehrgänge. Um die Komplexität zu bewältigen, bedarf es einer bestimmten „Professionalität", bei der die Orientierungs- und Verortungskompetenz im Mittelpunkt stehen.

Die Orientierungs- und Verortungskompetenz ermöglichen es, aufgrund einer differenzierten Wahrnehmung von Situationen die jeweils angemessene Handlungsform – Informieren, Anleiten oder Beraten – zu realisieren. Sie ermöglicht es auch, sich bewusst zu sein, welche Handlungsform gerade verwirklicht wird, ob diese situations- und personenbezogen angemessen ist, und danach Entscheidungen zu fällen.

Dies ist aus zweierlei Gründen nötig. Sie liegen zum einen in der bereits skizzierten Charakteristik alltäglicher Abläufe, in denen die implizite Beratung häufig zwischen Tür und Angel gefordert oder geleistet wird. Der situative Druck, schnell und wirksam zu reagieren, steht Interventionen entgegen, die stärker auf die Erhebung von Hintergrund, individuellen Orientierungen und Vorgeschichte ausgerichtet wären. Sie liegen zum anderen in der unterschiedlichen Ausrichtung der Konzepte „Lehren" und „Beraten". Lehren umschließt eine Orientierung und ein Vorgehen mit inhaltlichen (Lern-)Zielen, die durchaus offen sein können, aber dennoch eine spezifische Ergebniserwartung enthalten. Beim Beraten geht es um die eigenständige Situationsbewältigung durch die betroffene Person, wobei die inhaltlichen Ergebnisse wesentlich von dieser selbst bestimmt werden und deshalb zu Beginn des Prozesses noch nicht feststehen. Das heißt: Wer Beratung leistet, muss sich auf den Situations- und Problembezug und auf das Fragen-Stellen als wesentliche Interventionsform einlassen.

Als weitere zentrale Arbeitsgrundlage kommt die „Verstehenskompetenz" hinzu. Sie realisiert sich im Wesentlichen im Perspektivwechsel und umfasst die Fähigkeit,

- sich in die Perspektive der anderen Person hineinzuversetzen;
- die je eigenen Gründe der anderen Person zu verstehen;
- die Strukturen, in denen die andere Person handelt, zu erfassen;
- die Interaktionen, in denen die andere Person steht, nachzuvollziehen.

Um dies leisten zu können, sind Kenntnisse und Fähigkeiten nötig, die im Folgenden nur mehr aufgelistet werden. Sie beziehen sich auf:

- Selbstwahrnehmung, weil eigene Reaktionen und Einfälle genutzt werden können, um Situationen und Probleme zu erfassen;
- Wahrnehmung und Unterscheidung verschiedener Arten und Ebenen von Kommunikation;
- Exploration und Fokussierung;
- systemische Sichtweise von Personen und Handlungen einschließlich der Wahrnehmung von Sachverhalten und Strukturen im Lebensumfeld (z.B. Erwerbstätigkeit oder Arbeitslosigkeit, wirtschaftliche Situation, Kommune, Region usw.);
- Übernahme und Nutzung von Modellen der Beratung und des didaktischen Handelns;
- Reflexion der eigenen Situationen und Rollen als Lernbegleiter/in, als Unterstützer/in in besonderen Lebenslagen, als Anleiter/in, als Berater/in oder generell als Mitarbeiter/in mit pädagogischer Ausrichtung (z.B. im Blick auf Menschenbild, Bildungsverständnis und gesellschaftlich-politische Orientierung);
- Verständnis und Erleben von Beratung als schöpferisches, auch die eigene Person immer wieder neu bereicherndes Geschehen;
- Gestaltung von Beratungsprozessen mit ihren Einzelaspekten (z.B. Bezugsrahmen wechseln, Übertragung und Gegenübertragung wahrnehmen und damit umgehen, Interventionstechniken anwenden, finale Orientierungen entwickeln, alternatives Denken fördern, Ziele und Visionen anregen);
- Wahrnehmung und Nutzung von Sachverhalten, die an einem Ort oder in einer Region für das Lernen bedeutsam sind (z.B. weitere Beratungs- oder auch Bildungsangebote, spezifische Informationsquellen, Einrichtungen und Personen oder Institutionen mit Vermittlungs- oder Agenturfunktionen, an die gegebenenfalls weiterverwiesen werden kann);

- Wahrnehmung der biographischen Einbindung von Lernen und Entwicklung;
- Wahrnehmung und Nutzung von Gegebenheiten und Abläufen beim Lernen (Lernpsychologie);
- Gestaltung von Lehr-Lern-Arrangements einschließlich des selbstgesteuerten und selbstorganisierten Lernens.

Anregungen zur Reflexion

Gehen Sie die oben genannte Auflistung von Kenntnissen und Fähigkeiten, Neigungen und Interessen durch und markieren Sie jeweils durch ein selbst gewähltes Symbol die für Sie selbst zutreffende Einschätzung. Sie können auch die folgenden Symbole verwenden.
\+ ... „kann ich"
\- ... „kann ich nicht"
o ... „kann ich ein bisschen"

Prüfen Sie in einem zweiten Durchgang, was genau Sie benötigen, um defizitäre Aspekte in ein „kann ich" umzuwandeln.

7.2 Kompetenzentwicklung und Profilbildung

Für das Verständnis von Professionalisierung sind zwei Aspekte wichtig. Professionalisierung meint zum einen, dass notwendige Kompetenzen mit den darin enthaltenen Kenntnissen, Fähigkeiten, Fertigkeiten und Leitenden Orientierungen für das Beratungshandeln entwickelt werden. Zum anderen geht es darum, dass ein Bewusstsein von der Spezifik der Beratungstätigkeit im Unterschied zu anderen Tätigkeitsfeldern entsteht – und zwar auf verschiedenen Ebenen:

- bei den Mitarbeiter/innen, die sich als eigene „Berufs"-Gruppe verstehen;
- in der Öffentlichkeit (insbesondere bei Institutionen und Anstellungsträgern);
- bei den für arbeitsvertragliche und finanzielle Regelungen Verantwortlichen.

Der Zusammenhang zwischen beiden Aspekten liegt auf der Hand. Je deutlicher und verbreiteter Kompetenzen für Beratungstätigkeit vorhanden sind und je selbstverständlicher und vergleichbarer als bisher entsprechende Fortbildungen, aber auch Ausbildungen angeboten und nachgefragt werden, desto größere Chancen hat die Profilierung der Bildungsberatung und ihrer Mitarbeiter/innen.

Was die Kompetenzen für Beratungshandeln angeht, wurde in Abschnitt 2.3 darauf hingewiesen, dass diese mit der Person und ihrem Verhalten eng verbunden sind. Um diesen Sachverhalt zu kennzeichnen, wurde die Formulierung „die Person als Instrument der Arbeit" eingeführt. Deshalb bedeutet der Erwerb von Kenntnissen, Fähigkeiten und Fertigkeiten für Bildungsberatung immer auch persönliche Entwicklung.

Daraus ergeben sich für das Erlernen und Einüben von Beratungshandeln Konsequenzen, die ganz wesentlich mit der Sachstruktur von Beratung als Lerngegenstand zusammenhängen. Die Charakteristik dieses „Inhalts" besteht darin, dass es sich um ein professionell gestaltetes Beziehungsgeschehen zwischen Personen mit wechselseitigen Wahrnehmungen und Reaktionen sowie mit spezifischen Interventionsformen auf Seiten des Beraters/der Beraterin handelt. Der Lerngegenstand ist also durch eine starke Prozesshaftigkeit geprägt. Soll dem die Art und Weise des Lernens gerecht werden, darf sie um des Lerngegenstandes willen diesen nicht nur abbilden und darüber informieren („Wir stellen dar, was Beratung ist und bedeutet"), sondern muss der Prozesshaftigkeit tatsächlich Raum geben („Wir erfahren Beratung"). Nur so entwickeln sich Verstehen und das damit verbundene Wissen und Können.

Weil es in der Praxis um ein Denken und Verhalten geht, das sich im konkreten Handeln niederschlägt, braucht es ein eben solchermaßen bewusstes Handeln für das Erlernen und Üben. Dies wiederum verlangt nach einem erfahrungsorientierten Arbeiten in der Aus- und Fortbildung. Es nimmt die Situationen mit Beratungscharakter, für die qualifiziert werden soll, in die Fortbildung hinein. Es vergegenwärtigt im Hier und Jetzt der Aus- und Fortbildung diejenigen Prozesse, Herausforderungen, Gestaltungsformen und Interventionen, die für Situationen mit Beratungscharakter konstitutiv sind. So wird zugleich die Reflexivität gefördert, die zum Beratungshandeln gehört. Damit sind im Übrigen zentrale Anforderungen an den Aspekt von Professionalisierung formuliert, bei der es um den Erwerb und die Pflege von Kompetenzen geht, die im Beratungshandeln gebraucht werden.

Wie sich diese Leitideen konkret umsetzen lassen, soll anhand eines aktuellen Fortbildungsprogramms erläutert werden.

Das Programm „Bildungsberatung und Kompetenzentwicklung“
Aus fortbildungsdidaktischer Sicht ist von Interesse, dass das Programm „Bildungsberatung und Kompetenzentwicklung“ (URL: www.bildungsberatung-verbund.de) aus dem Praxisfeld heraus unter konstitutiver Beteiligung hier verankerter Bildungsnetzwerke und -einrichtungen entwickelt worden ist. Das spiegelt sich in der Annahme wider, dass sich die Tätigkeiten in diesem Feld stark ausdifferenzieren, aber auch vielfältig überlappen und vermischen. Dementsprechend können Situationen mit Beratungscharakter und Lehr-Lern-Situationen deutlich voneinander abgegrenzt sein, aber ebenso auch fließend ineinander übergehen. Daraus ergibt sich, dass als Zielgruppe Personen ins Auge gefasst worden sind, die in verschiedenen Handlungsfeldern bereits jetzt oder künftig Beratungsaufgaben wahrnehmen (Lern-, Aus- und Weiterbildungsberatung, Kompetenzentwicklungsberatung usw. durch Mitarbeiter/innen in Weiterbildungsinstitutionen, Schulen, Hochschulen, Industrie- und Handelskammern, Handwerkskammern, in Projekten der Lernenden Regionen oder anderen Projekten sowie freiberuflich Tätige). Die Zielgruppenbeschreibung bildete sich in der tatsächlich konstituierten Teilnahmegruppe bei der ersten Durchführung des Programms ab: Es handelte sich um 21 Personen mit Mischfunktionen in Bildungsberatung, Kompetenzentwicklung, Bildungsmanagement und teilweise auch in Einzelfallhilfe und sozialer Gruppenarbeit.

Das Rahmencurriculum ist in seiner allgemeinen Zielsetzung darauf ausgerichtet, dass Personen mit Beratungsaufgaben jene handlungsbezogenen Fähigkeiten samt den zugehörigen Kenntnissen entwickeln und verstärken. Dies wird mit zentralen Inhaltsbereichen verbunden, zusammengefasst unter „Gestaltung des Beratungsprozesses“, „Beratung und Netzwerkmanagement“, „Rahmenbedingungen professioneller Beratung“, „Lebenslanges Lernen und Kompetenzentwicklungsberatung“ sowie „Kompetenzbilanzierung und -messung“.

Die Unterstützungs- und Organisationsformen des Lernens sind differenzierend und integrierend ausgerichtet. Das heißt: Die einzelnen Arbeitseinheiten des Programms erschließen einerseits spezifische Modelle, Theoriebestände, Untersuchungsergebnisse usw. und verknüpfen diese andererseits mit der beruflichen Praxis der Teilnehmenden. Diese Verbindung von Inhalten und direktem Anwendungsbezug wird methodisch angeregt und gefördert durch praktische Übungen, durchlaufende Triaden zur Erarbeitung, Überprüfung und Weiterentwicklung von Beratungskompetenzen sowie Praxis erschließende und -gestaltende Aufgaben für die Zeit zwischen den Modulen (als Transfer des Ertrags aus dem vorausgegangenen Modul oder als Vorbereitung auf das kommende Modul).

Dem Prinzip der Analogie zwischen Sachstruktur dessen, was erlernt wird, und den Lern-Lehr-Formen entspricht auch die Form des Abschlusses. Die Teilnehmenden erfassen und dokumentieren ihren Kompetenzgewinn in einer Weise, die den Inhalten und Methoden des Programms gemäß ist. Sie dokumentieren einen Beratungsfall. Sie schreiben außerdem eine Arbeit mit einer selbstgewählten Fragestellung aus ihrer Praxis. Innerhalb von Dreiergruppen werden die Arbeiten ausgetauscht, mit Hilfe von Fragestellungen, die vorher gemeinsam entwickelt worden sind, bearbeitet und schließlich in einem Kolloquium diskutiert, wobei jede Dreiergruppe von einem Mitglied des Leitungsteams begleitet wird. Dieser kollegiale Reflexionsgang setzt die Grundstruktur der Beratungstrainings aus den einzelnen Blockveranstaltungen fort und verbindet sie mit der Beschreibung und Sicherung des individuellen Lerngewinns.

Die großräumige Lernorganisation verknüpft soziale Lernphasen (Blockveranstaltungen) und individuelles Lernen (die Zeit zwischen den Modulen, die sowohl der Integration von Arbeitsergebnissen in die eigene Praxis dient als auch die Praxis aufschließt für neue Fragestellungen). Die Anregungen für das Lernen verknüpfen wechselseitig Erfahrungsorientierung, Problembezug und fachdisziplinäre Ausrichtung. Dabei lässt sich die Interdependenz aus erfahrungsorientiertem und fachdisziplinärem Lernen besonderes dann ohne Schwierigkeiten verwirklichen, wenn der Lerngegenstand unmittelbar mit den Personen verbunden bzw. durch sie gleichsam gegenwärtig ist (z.B. Verhaltensweisen und so genannte „Techniken" im Beratungsprozess). Die didaktische Herausforderung besteht darin, dasselbe Prinzip genauso konsequent bei fachdisziplinären Sachverhalten zu realisieren, die „weiter weg" und scheinbar verdinglicht sind (z.B. „der Bildungsmarkt", „das Bildungssystem", „die Öffentlichkeitsarbeit").

Zum Programm gehören regelmäßige, extern verankerte Evaluationen, durchgeführt in einer Verbindung aus summativer Evaluation (am Ende der einzelnen Blockveranstaltungen) und formativer Evaluation (Evaluationsergebnisse jeder Blockveranstaltung als Anregung für Weiterplanung des jeweils folgenden Blocks). Hierin sind auch Schritte zur Transferevaluation einbezogen, d.h. zur Erfassung dessen, was in der Praxis der Teilnehmenden tatsächlich umgesetzt wird.

Das Beispiel soll den didaktischen Grundsatz verdeutlichen, der für Fortbildungen, aber auch Ausbildung im Zusammenhang mit Bildungsberatung als konstitutiv angesehen wird. Es geht um Lernorganisation und Methodenwahl, die den Gegenstand des Lernens in seiner Prozesshaftigkeit wie in seiner lebendigen Verknüpfung mit den Menschen, die sich mit ihm beschäftigen, gegenwärtig werden lassen und somit eine Entsprechung zu dem darstellen, was Bildungsberatung im Kern bedeutet.

Zugleich belegt die bundesweite Durchführung des Programms, dass der erstgenannte Aspekt von Professionalisierung – die Entwicklung von Kompetenz für Beratungshandeln sowie von einschlägigen Fort- und Ausbildungsmöglichkeiten – einen wahrnehmbaren Aufschwung erfahren hat. Dies zeigt sich auch in der mittlerweile recht differenzierten Angebotslandschaft (siehe Weblinks).

Was den zweitgenannten Aspekt angeht – die Herausbildung eines öffentlichen Bewusstseins von der Spezifik der Beratungstätigkeit und Profilierung einer eigenen Berufsgruppe –, so ist die Situation differenzierter zu betrachten. In der Gesamtperspektive gibt es viele Anzeichen, dass Bildungsberatung und mithin auch Beratung in der Erwachsenenbildung bildungspolitisch und konzeptionell eigens gewichtet wird. Dies dürfte wohl auch zur Stärkung entsprechender Tätigkeitsbeschreibungen und Mitarbeiter-Positionen, also zu einer weiteren Ausdifferenzierung von Bildungsberatung in manchen institutionellen Feldern führen (z.B. Kammern). In anderen Bereichen sind Bildungsberatung und pädagogische Arbeit konzeptionell und organisatorisch notwendigerweise eng verknüpft. Das betrifft große Teile der allgemeinen und beruflichen Erwachsenen- bzw. Weiterbildung, wo pädagogisch-didaktische und beraterische Tätigkeit gerade im unmittelbaren Prozess des Bildungsgeschehens eng ineinander greifen. Hier bedeutet Professionalisierung nicht intra-*institutionelle*, sondern intra-*personelle* Ausdifferenzierung. Das heißt, es nehmen nicht die einen Mitarbeiter/innen beraterische und die anderen pädagogisch-didaktische Aufgaben innerhalb einer Institution wahr. Vielmehr widmen die Mitarbeiter/innen mit pädagogisch-didaktischen oder mit Verwaltungsaufgaben einen Teil ihrer Arbeitszeit dem Beratungshandeln. Dies tun sie allerdings bewusst für sich selbst und explizit gegenüber den Teilnehmenden, aber auch nach außen transparent und institutionell abgesichert. Eine solche personenbezogene Ausdifferenzierung verschiedener Tätigkeitsanteile, von denen sich einer auf Bildungsberatung bezieht, betrifft im Übrigen auch Großorganisationen, in denen Aufgaben von Bildungsberatung im weitesten Sinne wahrgenommen werden (z.B. Agenturen für Arbeit, ARGEn, Hochschulen und Schulen) und wo ebenfalls die Entwicklung von Kompetenz hierfür die entscheidende und vielfach noch zu bauende Brücke auf dem Weg zur Professionalisierung darstellt.

Auf diesem Weg ist noch eine Schwierigkeit zu bewältigen, die im traditionellen Bewusstsein dessen verankert ist, was in der Bildungsarbeit und gerade auch in der Erwachsenenbildung als produktiv gilt. Die Leistung eines Mitarbeiters bzw. einer Mitarbeiterin wird im Fremd- wie im Selbstbild häufig daran gemessen, wie viel jemand macht. Das heißt, dass man allein an der Anzahl von Veranstaltungen, Programmen, Projekten etc. gemessen wird. Darüber hinaus ist aber auch die gelungene, selbst verantwortete Veranstaltung oder Lehr-Lern-Situation vielfach eine Quelle beruflicher Zufriedenheit. Dies führt dazu, dass nach außen nicht so sichtbare Unterstützungsleistungen, wie sie die Beratung nun einmal darstellt, als weniger wichtig eingeschätzt werden. Das wiederum führt dazu, dass sie in ihrem Zeitbedarf und Zeitaufwand nicht ausreichend berücksichtigt werden – weder bei den Mitarbeitenden noch in der Institution.

Auch deshalb ist die Neueinschätzung von Beratung nötig. Sie erweitert das eigene Berufsverständnis, indem sie zu einem selbstverständlich zugehörigen Bestandteil wird. Die individuelle Zeit- und Arbeitsplanung verändert sich, indem Beratung mehr Raum bekommt – wörtlich und im übertragenen Sinne – und dann weniger als Störung, sondern vielmehr als notwendige und bereichernde Leistung gilt.

Zu einer Neueinschätzung von Beratung kann es auch dadurch kommen, dass ihr Anteil in der individuellen Tätigkeit umso größer wird, je länger jemand in einem bestimmten Bereich arbeitet und je umfangreicher die Erfahrung ist. Wachsende Erfahrung und zunehmende Kenntnis von Personen und Situationen weiten den Blick, schärfen die Aufmerksamkeit für Hintergründe und Tiefendimensionen und machen sensibler, aber auch mutiger, auf Lebenskontexte und biographische Zusammenhänge, auf Unentdecktes und auf blinde Flecken einzugehen.

Allerdings können Neueinschätzungen und Neuorientierungen wiederum Herausforderungen mit sich bringen. Die Leitung einer Institution, aber auch einzelne Mitarbeiter/innen müssen sich damit auseinandersetzen, dass bislang deutlich sichtbare Teile des beruflichen Handelns wie die Veranstaltungsarbeit zugunsten der weniger sichtbaren Beratungstätigkeit zurücktreten; oder dass Beratungssituationen viel tiefer als Kurse und Lehrgänge in die individuellen Nöte und Dilemmata von Existenzsicherung, Lebensgestaltung und Lebensplanung der Betroffenen hineinführen und deshalb die emotionalen Belastungen der Mitarbeiter/innen größer werden. Das wiederum lässt nach dem Rückhalt fragen, den die Gruppe der „peers", also der Kolleginnen und Kollegen bietet. Und da schließt sich der Kreis von der Professionalität zur Beratungspraxis in Gestalt von Praxisberatung.

Anregung zur Reflexion

Ein Schritt zur Professionalität ist die Differenzierung der eigenen Tätigkeit im Zusammenhang mit Bildungsberatung. Versuchen Sie eine solche Differenzierung mit Hilfe der folgenden Übersicht im Blick auf Ihre jetzige Tätigkeit. Falls Sie noch nicht in einem solchen Bereich arbeiten, stellen Sie sich bitte vor, was jeweils hilfreich sein könnte.

Übersicht 7: Konsequenzen zur Differenzierung von Beratungstätigkeit

Was möchte ich in den jeweiligen Tätigkeiten „Informieren", „Anleiten", „Beraten"...	Welche Bedingungen muss ich dafür jeweils schaffen bzw. ändern?	Was ist ein konkreter Schritt dazu? (z.B.: Ich rede mit... über... Ich blockiere im Kalender...)
...weitermachen:		
...ausbauen:		
...neu beginnen oder installieren:		
...weglassen:		

8. Zum Schluss – Zurück zum Anfang

Der bisherige Weg der Lektüre führte vom Grundverständnis von Bildungsberatung über zentrale Handlungsnotwendigkeiten und Gestaltungsformen zu den umfassenderen Zusammenhängen und Nachbarschaften mit der Therapie und ihren Traditionen. Damit waren Verweise auf bildungs- und gesellschaftspolitische Entwicklungen verbunden. Es war außerdem ein Weg, der sich als „Einladung zur Reflexivität" verstand. An den einzelnen Stationen wurde diese Einladung immer wieder erneuert. Das soll auch zum Schluss noch einmal geschehen, dieses Mal aber bezogen auf die gesamte zurückliegende Lektüre.

Anregungen zur Reflexion

Nehmen Sie nochmals Ihre Notiz im Einführungskapitel zur Hand, in der Sie gebeten worden sind, eine persönliche Frage in die Lektüre mitzunehmen. Bitte prüfen Sie, ob sich diese persönliche Frage geklärt oder verändert hat, ob sie offengeblieben ist, oder ob neue Fragen dazu gekommen sind.

Wenden Sie sich bitte Abbildung 5 zu und unternehmen Sie zwei Schritte: Im ersten Schritt denken Sie an ihre aktuelle (oder künftige) Tätigkeit, wie sie jetzt ist, ob Sie Ihnen entspricht oder wie Sie sie sich wünschen. Was fällt Ihnen ein zu Ihrer Tätigkeit im Blick auf:

- Handlungsfeld („Ich mache...")
- eigene Qualifikationen („Ich kann...")
- Ausbildung und eventuelle Zusatzausbildungen („Ich habe absolviert...")
- Leitende Orientierungen („Mir ist wichtig...")
- professionelles Selbstbewusstsein („Als Pädagoge bzw. als Erwachsenenbildner/in liegen meine spezifischen Möglichkeiten in ...")
- Gratifikation, Bezahlung, Anerkennung („Ich verdiene...")

Bitte tragen Sie dazu Stichworte in die einzelnen Felder auf der Kreisbahn ein. Falls die Felder nicht ausreichen, ergänzen Sie welche.
Im zweiten Schritt klären Sie für sich:

- Was ergibt sich aus allem als *Zentrum* meiner professionellen Identität?
- Wie ordnet sich hier „Beratung" ein?
- Bitte tragen Sie dazu Stichworte in das Feld in der Mitte ein.

Abbildung 5: Die eigene professionelle Identität

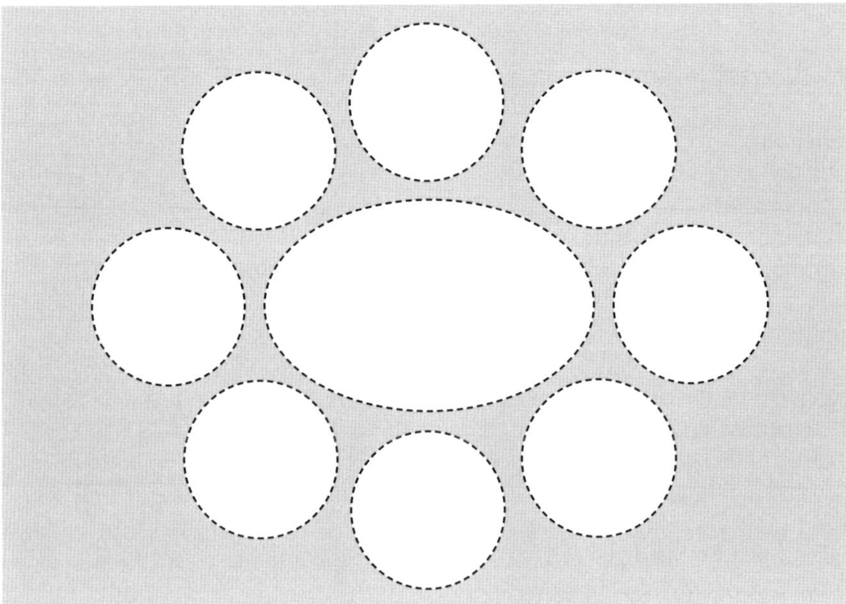

Glossar

→ = Querverweise im Glossar

Anleitung
Unterstützung einer Rat suchenden Person durch konkrete Hinweise, Demonstration oder begleitetes Ausüben, wie eine Handlung zu geschehen hat (z.B. einen Förderantrag stellen, eine spezifische Information beschaffen, ein Instrument zur Selbstanalyse nutzen); in diesem Sinn auch Teil von → Bildungsberatung.

Beratung
Im engeren, fachlichen Sinne die Unterstützung einer Rat suchenden Person, durch personen- und situationsbezogene → Interventionen (Hilfe zur Selbsthilfe) die gewünschte Antwort auf eine Frage oder die Lösung für ein Problem eigenständig herauszuarbeiten. Auf der Prozess-Ebene handelt es sich um ein Beziehungsgeschehen, in dem die Person mit Beratungsaufgaben durch sich selbst, also durch Verhalten, durch Stil der Begegnung, aber auch durch Kenntnisse, Fähigkeiten und Fertigkeiten wirkt. In diesem Sinn auch Teil von → Bildungsberatung. Siehe auch → Therapie.

Bildungsberatung
Obergriff für Unterstützungsaktivitäten, die sich auf Bildung und Lernen im weitesten Sinne beziehen (einschließlich Übergangs-, Berufs- und Karriereberatung sowie Kompetenzentwicklung) und die verschiedene Handlungsformen umfassen, insbesondere → Beratung im engeren Sinn, → Anleitung und → Information.

Ermöglichungshandeln
Aktivitäten (in der Beratung, aber auch in pädagogisch-didaktischen Arrangements), die einer die Beratung aufsuchenden oder lernenden Person Gelegenheit geben („einen Raum eröffnen"), selbst sich etwas einfallen zu lassen, Gedanken aufzubauen und Lösungen zu entwickeln.

Explizite Beratungssituation
Alle Beteiligten definieren eine (Gesprächs-)Situation als → Beratung.

Implizite Beratungssituation
Eine (Gesprächs-)Situation wird nur von einer der beteiligten Personen, nämlich der Mitarbeiterin oder dem Mitarbeiter mit Beratungsaufgaben, als → Beratung definiert.

Familientherapie
Praxis und Theorie eines systemischen Ansatzes, der davon ausgeht, dass die Schwierigkeiten oder Erkrankungen einzelner Familienmitglieder mit *allen* Familienangehörigen aufgrund problematischer bis krank machender Strukturen und Bindungen zusammenhängen, dass es aber auch Selbstheilungskräfte des Systems gibt, die es diesem ermöglichen, sich aus den inneren Verstrickungen herauszuarbeiten.

Feedback
Feedback bedeutet die Mitteilung von Wahrnehmungen über Äußeres (sinnliche Wahrnehmungen, Beobachtungen) und über das eigene Innere (Befinden, Empfindungen, Einfälle). Es ist von „Beurteilung" und „Interpretation" („Deutung") zu unterscheiden.

Gegenübertragung
Reaktion der beratend oder therapeutisch tätigen Person auf die Wiederbelebung von Gefühlslagen und Verhaltensweisen, die bei der Klientin/beim Klienten aus früheren Phasen der Lebensgeschichte stammen, in der gegenwärtigen Situation mit eigenen Gefühlslagen und Verhaltensweisen, die ebenfalls aus Früherem herrühren.

Gesprächspsychotherapie
Vor dem Hintergrund des psychoanalytischen Modells verstärkte Berücksichtigung der inneren Selbstentfaltungs- und Wachstumstendenzen des Menschen und Bearbeitung der diesen entgegenstehenden Selbsthemmungen, wobei das Verhalten der Therapeutin/des Therapeuten, deren Echtheit und Kongruenz sowie die der Klientin/dem Klienten entgegengebrachte Akzeptanz und Empathie eine wesentliche bestärkende und insofern „heilende" Rolle spielen.

Gestalttherapie
Auf den Grundannahmen der Psychoanalyse basierende Praxis und Theorie zur Behandlung von Störungen mit der Grundannahme, dass Verarbeitungs-, Erlebnis- und Handlungsfähigkeit einer Person beeinträchtigt sind, wenn die Ganzheit, d.h. die „Gestalt" der verstandesmäßigen, gefühlshaften und körperlichen Dimensionen zerbrochen ist.

Information
Unterstützung einer Rat suchenden Person durch Weitergabe von Fakten oder Hinweise auf Sachverhalte (z.B. Veranstaltungsprogramm oder -datenbank, Adressen oder Weblinks); in diesem Sinn auch Teil von → Bildungsberatung.

Inneres Konzept
Ein Bild, das bei der Beraterin/beim Berater vom Problem und Ziel der Rat suchenden Person entsteht; hierin fließen äußere Wahrnehmungen (Sehen, Hören, Riechen, Fühlen [beim Händedruck]) und innere Wahrnehmungen (Empfindungen, Bilder, Erinnerungen), Einfälle, Gedankenkonstruktionen, aber auch Berufs- und Lebenserfahrungen sowie Fachkenntnisse zusammen. Es stellt ein Reservoir dar, aus dem heraus → Interventionen geschöpft werden können, das aber auch im Hintergrund bleiben kann.

Intervention
Aktivitäten der Person mit Beratungsaufgaben im Prozess einer → Beratung. Als solche werden im Text bearbeitet: zuhören, fragen, aussprechen lassen, paraphrasieren, Empfindungen verbalisieren lassen, strukturieren, visualisieren, Perspektivwechsel anregen, Außensicht einnehmen.

Kollegiale Beratung
Methode, mit deren Hilfe zwei Personen aus gleichen Tätigkeitsfeldern (z.B. berufliche Positionen, in denen jeweils Anteile von Beratungstätigkeit enthalten sind) oder ähnlichen Feldern (z.B. eine Lehrerin und ein Sozialpädagoge) ein Gespräch führen, in das mindestens eine der beiden mit der Vorbereitung einer offenen oder problematischen Situation hineingeht und dann auf der Grundlage von Rollengleichheit („Kolleg/inn/en", ggf. beide mit der Vorbereitung eines Falles und evtl. einer Lösungsidee) und Rollendifferenzierung (eine Person bringt das Problem ein und die andere hört zu, fragt nach, reagiert) sowie knapper Zeit (10 bis max. 20 Minuten) das Problem differenziert und die Lösungsidee weiterentwickelt.

Leitende Orientierung
Generelle Richtungen für einzelne Interventionen, vergleichbar den Fernwegweisern auf der Autobahn. Als solche werden im Text bearbeitet: Prozessorientierung, Situationsorientierung, Problemorientierung, Zielorientierung, Ressourcenorientierung, finale Orientierung, Ambivalenzen herauszuarbeiten und offenzuhalten.

Lernberatung
Beratung einer Person mit Blick auf spezifische Fragestellungen, Erfahrungen und Probleme im Zusammenhang mit Lernen (Lernschwierigkeiten, Lernhemmnisse, Lerntechniken).

Lernbiographie
Die Betrachtung der Biographie einer Person unter dem Aspekt ihrer Lernsitu-

ationen und Lernerfahrungen; dies als Anstoß zur Stärkung der Selbstwahrnehmung im Blick auf das, was schon gelernt wurde (auch informell) und woraus die Person schöpfen kann, was besonders nachhaltige Lernsituationen und -erfahrungen waren und welche Konsequenzen sich daraus möglicherweise für das aktuelle und künftige Lernen ergeben; ein wichtiges Hilfsmittel im Rahmen von → Lernberatung.

Lösungsorientierte Ansätze
Unter Aufnahme des bereits in der → Psychoanalyse verankerten Gegenwartsprinzips verstärkte Berücksichtigung der Hier-und-Jetzt-Situation als der Ort für die Anbahnung von Problemlösung durch Akzentuierung der angestrebten Veränderung, zukunftsorientierter Sichtweisen und Wahrnehmung eigener Bewältigungserfahrungen und -kräfte.

Praxisberatung in der Gruppe
Bearbeitung von beruflichen Situationen und Problemen in einer Gruppe von Kolleg/inn/en in einer Sequenz aus Situationsschilderung, Informationsfragen, Einfällen der Gruppe, Rückmeldung und Abschluss.

Person als Instrument der Arbeit
Ansatz, wonach die Person der Mitarbeiterin/des Mitarbeiters mit Beratungsaufgaben durch ihr Verhalten, ihren Stil der Begegnung, ihre Kenntnisse, Fähigkeiten und Fertigkeiten auf den Prozess der → Beratung einwirkt. Dies gilt sinngemäß auch für Anleitung und Information, ist aber für die Beratung insofern wichtiger, als hier die Wechselseitigkeit des Austauschs eine größere Rolle spielt.

Professionalisierung
Der Aufbau von → Professionalität, d.h. der notwendigen Kompetenzen mit den darin enthaltenen Kenntnissen, Fähigkeiten, Fertigkeiten und leitenden Orientierungen für das Beratungshandeln sowie des Bewusstseins von der Spezifik der Beratungstätigkeit.

Professionalität
Die Kompetenz von Personen mit Beratungsaufgaben, Situationen mit Beratungscharakter wahrnehmen und gestalten zu können sowie das Bewusstsein von der Spezifik der Beratungstätigkeit sowohl bei den Mitarbeiter/inne/n selbst als auch in der Öffentlichkeit einschließlich Institutionen und Anstellungsträgern bis hin zu eigenen arbeitsvertraglichen und finanziellen Regelungen. Siehe auch → Professionalisierung.

Psychoanalyse
Der Name 1.) eines Verfahrens zur Untersuchung seelischer Vorgänge, welche sonst kaum zugänglich sind; 2.) einer Behandlungsmethode neurotischer Störungen, die sich auf diese Untersuchung gründet; 3.) einer Reihe von psychologischen, auf solchem Wege gewonnenen Einsichten, die sich zu einer Theorie verbinden (nahezu wortgleich in Anlehnung an Mitscherlich 1997, S. 19).

Therapie
Aufarbeitung der individuellen individuell-psychodynamischen oder familiendynamischen Tiefendimension von Problemen, um dadurch die Bindung, „Fesselung" und Einschränkung von Erlebnisverarbeitung, Wahrnehmung und Handlung wieder öffnen zu helfen. Siehe auch → Beratung.

Übertragung
Wiederbelebung von Gefühlslagen und Verhaltensweisen aus früheren Phasen der Lebensgeschichte in der gegenwärtigen Situation, aus der sie nicht stammen, in der sie aber „wachgerüttelt" werden.

Verhaltenstherapie
Therapeutischer Ansatz, der davon ausgeht, dass problematisches, Leid verursachendes Verhalten und Erleben erlernt ist und deshalb auch wieder verlernt werden kann – dies auf der Grundlage einer differenzierten Verhaltensanalyse, genauen Zielbestimmung, Operationalisierung der Ziele und Evaluation des Erreichten.

Web-Links

1. Web-Links international

http://ec.europa.eu
Seite der Europäischen Kommission; unter Politikbereich „Aus- und Weiterbildung" kommt man zum Thema „Lebenslanges Lernen", dort wiederum verschiedene Links; direkter Zugang über http://ec.europa.eu/education/policies/2010/et_2010_de.html; hier findet sich (im Unterschied zu den folgenden Links aus dem EU-Bereich) eine zusammenhängende Darstellung mit jeweiligen Verweisen und Downloadmöglichkeiten (Bezug zu verschiedensten Bereichen und Programmen wie Schulbildung, Erwachsenenbildung); das ist die derzeit aussagekräftigste Seite der EU zu diesem Themenfeld.

http://europa.eu
Homepage der Europäischen Union; unter Tätigkeitsbereich „Bildung, Ausbildung, Jugend" gibt es Fact-Sheets zur Gesetzgebung, auch zum Bereich „Lebenslanges Lernen"; direkter Zugang über http://europa.eu/scadplus/leg/de/s19001.htm; Möglichkeit zum Download einiger wichtiger Dokumente (z.B. „Einen europäischen Raum des LLL schaffen").

www.lebenslanges-lernen.eu
Deutsche Homepage über das Bildungsprogramm „Lebenslanges Lernen" der EU (vorher „Sokrates"); gibt einen kurzen Überblick über die einzelnen Bereiche des Programms (Schule – Comenius, Studium – Erasmus, EB – Grundtvig).

www.crell.jrc.ec.europa.eu
Englischsprachige Homepage des Centre for Research on Lifelong Learning based on indicators and benchmarks (CRELL), gefördert durch Generaldirektion Bildung und Kultur der Europäischen Kommission, koordinert durch das Forschungszentrum der Europäischen Kommission; Darstellung der Forschungsphasen 2006/07 und 2008/09: The first area include research on: civic skills, learning to learn skills, vocational education and training, ICT-skills and the influence on educational performance, links between education and innovation, development of open source e-assessment tools. The second strand includes activities on: learning frameworks, learning scenarios, private returns to education, efficiency of investment in education, quality of higher education and school leadership.

www.na-bibb.de
Homepage der Nationalen Agentur Bildung für Europa beim Bundesinstitut für Berufsbildung; vor allem Publikationen und Downloads, gut geeignet für einen ersten Überblick (Themen, Dokumente, aktuelle Veranstaltungen); direkter Zugriff über http://www.na-bibb.de/programm_lebenslanges_lernen_2.html

www.oecd.org
Homepage der Organisation für wirtschaftliche Zusammenarbeit und Entwicklung; unter Bereich Bildung Download verschiedenster Dokumente möglich (meist auf Englisch); Einsatz der Suchfunktion wird empfohlen.

www.fedora.eu.org/web/html/documents/FEDORA_Charter.pdf
Homepage der Charta für Beratung im Europäischen Hochschulraum des Europäischen Forums für Hochschulberatung (FEDORA)

www.iaevg.org
Homepage der Internationalen Vereinigung für Schul- und Berufsberatung (IVSBB)

http://l3lab.erwachsenenbildung.at/andex.html
Homepage des Lifelong Learning Lab – Kompetenzpool der Erwachsenenbildung zur Förderung des lebenslangen Lernens

www.bib-infonet.at/
Homepage des österreichischen bib-infonet – BildungsberaterInnen im Netz

2. Web-Links national

www.bildungsberatung-verbund.de
Homepage des Verbunds zur Professionalisierung der regionalen Bildungsberatung in Deutschland mit den insgesamt neun Regionalen Qualifizierungszentren (RQZ) und deren Angebote (Basisqualifizierung „Bildungsberatung und Kompetenzentwicklung" und weitere Angebote)

www.forum-beratung.de
Homepage des Nationalen Forums Beratung in Bildung, Beruf und Beschäftigung (nfb)

www.dvb-fachverband.de
Homepage des Deutschen Verbandes für Bildungs- und Berufsberatung (dvb) e.V.

www.bbregister.de
Homepage des Berufsberatungsregisters des Deutschen Verbandes für Bildungs- und Berufsberatung (dvb) e.V.

www.dachverband-beratung.de
Onlineangebot der Deutschen Gesellschaft für Beratung e.V.

www.dgfk.org
Homepage der Deutschen Gesellschaft für Karriereberatung (dgfk) e.V

www.dgvt.de
Homepage der Deutschen Gesellschaft für Verhaltenstherapie

www.dg-online-beratung.de
Homepage der Deutschen Gesellschaft für Online-Beratung

www.lernende-regionen.info
Homepage der Lernenden Regionen

Literatur

Antons, K. (2000): Praxis der Gruppendynamik – Übungen und Techniken. 8. Aufl. Göttingen

Bachmair, S. u.a. (2007): Beraten will gelernt sein – Ein praktisches Lehrbuch für Anfänger und Fortgeschrittene. Weinheim/Basel

Böhnisch, L. (1997): Sozialpädagogik der Lebensalter – Eine Einführung. Weinheim/München

Bundesministerium für Bildung und Forschung (Hrsg.) (2007): Bestandsaufnahme in der Bildungs-, Berufs- und Beschäftigungsberatung und Entwicklung grundlegender Qualitätsstandards – Abschlussbericht. Bonn (s.a. Weblinks)

Bundesministerium für Bildung und Forschung (Hrsg.) (2008a): Empfehlungen des Innovationskreises Weiterbildung für eine Strategie zur Gestaltung des Lernens im Lebenslauf. Bonn (s.a. Weblinks)

Bundesministerium für Bildung und Forschung (Hrsg.) (2008b): Konzeption für das Lernen im Lebenslauf. Bonn (s.a. Weblinks)

Deutscher Bildungsrat (1970): Empfehlungen der Bildungskommission – Strukturplan für das Bildungswesen. Stuttgart

Ertelt, B.-J./Schulz, W. E. (2002): Handbuch Beratungskompetenz – Mit Übungen zur Entwicklung von Beratungsfertigkeiten in Bildung und Beruf. Leonberg

Fellermayer, G./Kramer, E. (Hrsg.) (2008): Bildungsberatung und Kompetenzentwicklung – Beiträge zur aktuellen Diskussion. Berlin

Fengler, J. (2004): Feedback geben – Strategien und Übungen. 3. Aufl. Weinheim

Freud, S. (1996): Die Traumdeutung. In: Studienausgabe, Bd. 2. 10. Aufl. Frankfurt a.M.

Freud, S. (1997a): Die Fehlleistungen. In: Studienausgabe, Bd. 1. 13. Aufl. Frankfurt a.M., S. 39–98

Freud, S. (1997b): Der Traum. In: Studienausgabe Bd. 1. 13. Aufl. Frankfurt a.M., S. 99–241

Freud, S. (1997c): Allgemeine Neurosenlehre. In: Studienausgabe, Bd. 1. 13. Aufl. Frankfurt a.M., S. 243–445

Freud, S. (1997d): Neue Folge der Vorlesungen zur Einführung in die Psychoanalyse. In: Studienausgabe Bd. 1. 13. Aufl. Frankfurt a.M., S. 447–608

Freud, S. (1997e): Einige Bemerkungen über den Begriff des Unbewußten in der Psychoanalyse. In: Studienausgabe Bd. 3. 15. Aufl. Frankfurt a.M., S. 29–36

Freud, S. (1997f): Das Unbewußte. In: Studienausgabe, Bd. 3. 8. Aufl. Frankfurt a.M., S. 119–167

Freud, S. (1997g): Bruchstücke einer Hysterie-Analyse. In: Studienausgabe, Bd. 6. 15. Aufl. Frankfurt a.M., S. 83–186

Freud, S. (1997h): Hemmung, Symptom und Angst. In: Studienausgabe, Bd. 6. 15. Aufl. Frankfurt a.M., S. 227–308

Freud, S. (1997i): Über einen autobiographisch beschriebenen Fall von Paranoia. In: Studienausgabe, Bd. 7. 15. Aufl. Frankfurt a.M., S. 133–203

Freud, S. (1997j): Die zukünftigen Chancen der Therapie. In: Studienausgabe, Ergänzungsband. 15. Aufl. Frankfurt a.M., S. 121–132

Freud, S. (1997k): Zur Dynamik der Übertragung (1912). In: Studienausgabe, Ergänzungsband. 15. Aufl. Frankfurt a.M., S. 157–168

Freud, S. (1997l): Bemerkungen über die Übertragungsliebe. In: Studienausgabe, Ergänzungsband. 15. Aufl. Frankfurt a.M., S. 217–230

Freud, S. (2001): Abriß der Psychoanalyse. In: Ders.: Abriß der Psychoanalyse – Das Unbehagen an der Kultur. 8. Aufl. Frankfurt a.M., S. 7–61

Häßner, K./Knoll, J. (2005a): Informiert ist nicht beraten – Lebenslauf als Anker der Lernberatung. In: Faulstich, P. u.a.: Lernwiderstand – Lernumgebung – Lernberatung. Empirische Fundierungen zum selbstgesteuerten Lernen. Bielefeld, S. 164–217

Häßner, K./Knoll., J. (2005b): Support für eine am Lebenslauf orientierte Lernberatung. In: Dietrich, S./Herr, M. (Hrsg.): Support für neue Lehr- und Lernkulturen. Bielefeld, S. 154–168

Herbrich, E./Jurkeit, J. (Hrsg.) (2004): Lebenslanges Lernen und Bildungsberatung zwischen Theorie und Praxis. Berlin

Knoll, J. (1977): Gruppentherapie und pädagogische Praxis – Ansätze, Arbeitsformen und Konsequenzen für die Arbeit mit Gruppen in Schule und Erwachsenenbildung. Bad Heilbrunn

Knoll, J. (1992): Beratung in der Erwachsenenbildung – Notizen zu einem laufenden Fortbildungsprogramm. In: Grundlagen der Weiterbildung Zeitschrift (GdWZ), H. 5, S. 269–271

Knoll, J. (1993): Beratung in der Erwachsenenbildung als integrierte Form pädagogischen Handelns. In: Nachrichtendienst, H. 6, S. 2–9

Knoll, J. (2007): Kurs- und Seminarmethoden – ein Trainingsbuch zur Gestaltung von Kursen und Seminaren, Arbeits- und Gesprächskreisen. 11. Aufl. Weinheim/Basel/Berlin

Knoll, J. (2008): Zugunsten von Transfer – Kollegiale Beratung in der Schlussphase von Fortbildungsveranstaltungen. In: Mutzeck, W./Schlee, J. (Hrsg.): Kollegiale Unterstützungssysteme für Lehrer – Gemeinsam den Schulalltag bewältigen. Stuttgart, S. 167–179

Krause, C./Fittkau, B./Fuhr, R. (2005): Professionalisierung von pädagogischer Beratung. In: Pädagogische Rundschau, H. 2, S. 169–192

Kriz, J. (2007): Grundkonzepte der Psychotherapie. 6. Aufl. Weinheim

Krüger, W. (1980): Beratung in der Weiterbildung. In: Dahm, G. u.a. (Hrsg.): Wörterbuch der Weiterbildung. München, S. 42–47

Krüger, W. (1984): Beratung als Aufgabe der Erwachsenenbildung. In: Schmitz, E./Tietgens, H. (Hrsg.): Erwachsenenbildung. Enzyklopädie der Erziehungswissenschaft, Bd. 11. Stuttgart, S. 254–271

Lang-von Wins, T./Triebel, C. (2006): Kompetenzorientierte Laufbahnentwicklung. Heidelberg

Ludwig, J. (2000): Lernende verstehen – Lern- und Bildungschancen in betrieblichen Modernisierungsprozessen. Bielefeld

Margraf, J. (Hrsg.) (2000): Lehrbuch der Verhaltenstherapie. 2. Aufl. Berlin

Mitscherlich, A. (1997): Über mögliche Missverständnisse bei der Lektüre der Werke Sigmund Freuds. In: Freud, S.: Studienausgabe, Bd. 1. 13. Aufl. Frankfurt a.M., S. 19–25

Mutzeck, W. (2005): Kooperative Beratung – Grundlagen und Methoden der Beratung und Supervision im Berufsalltag. 5. Aufl. Weinheim

Mutzeck, W./Schlee, J. (Hrsg.) (2008): Kollegiale Unterstützungssysteme für Lehrer – Gemeinsam den Schulalltag bewältigen. Stuttgart

Nestmann, F./Engel, F./Sickendiek, U. (Hrsg.) (2007): Das Handbuch der Beratung, Bd. 2: Ansätze, Methoden und Felder. 2. Aufl. Tübingen

Nounla, C. (2004): Selbst und unterstützt – Erwachsenenlernen im Spannungsfeld von Eigeninitiative und institutionellem Angebot. Aachen

Nuissl, E./Schiersmann, C./Siebert, H. (Hrsg.) (2000): REPORT. Literatur- und Forschungsreport Weiterbildung, H. 46: Beratung

Obrist, W. (2004): Tiefenpsychologie als Basaldisziplin einer integralen Humanwissenschaft. In: Mertens, W./Obrist, W./Scholpp, H.: Was Freud und Jung nicht zu hoffen wagten ... Tiefenpsychologie als Grundlage der Humanwissenschaften. Gießen, S. 55–120

Pätzold, H. (2004): Lernberatung und Erwachsenenbildung. Grundlagen der Berufs- und Erwachsenenbildung, Bd. 41. Baltmannsweiler

Perls, F. (1974): Gestalt-Therapie in Aktion. Stuttgart

Platter, G. (2006): Kompendium Psychotherapie – Ein Lehrbuch. Frankfurt a.M. u.a.

Pöggeler, F. (1964): Methoden der Erwachsenenbildung. Freiburg

ProfilPASS – Gelernt ist gelernt. Stärken kennen – Stärken nutzen (2006): Bielefeld

Raguse-Stauffer, B./Raguse, H. (1980): Ein TZI-Modell der Supervision. In: Gruppenpsychotherapie und Gruppendynamik, H. 15., S. 78–90

Rat der Europäischen Union (2002): Entschließung des Rates vom 27. Juni 2002 zum lebensbegleitenden Lernen. In: Amtsblatt der Europäischen Gemeinschaften C 163 vom 09.07.2002, S. 1–3

Reinecker, H. (1999): Lehrbuch der Verhaltenstherapie. Tübingen

Rogers, C. R. (1970): In Encounter Groups. New York/Evanston/London

Rogers, C. R. (1972): Die nicht-direktive Beratung. München

Rotering-Steinberg, S. (2005): Anleitung zur kollegialen Supervision und Qualitätszirkelarbeit sowie zum kollegialen Coaching. Tübingen

Satir, V. (2004): Kommunikation. Selbstwert. Kongruenz. Konzepte und Perspektiven familientherapeutischer Praxis. 7. Aufl. Paderborn

Satir, V./Stachowiak, J./Taschman, H. A. (2000): Praxiskurs Familientherapie. Die Entwicklung individuellen Gewahrseins und die Veränderung von Familien. Paderborn

Satir, V. u.a. (2007): Das Satir-Modell: Familientherapie und ihre Erweiterung. 3. Aufl. Paderborn

Sauer-Schiffer, U. (Hrsg.) (2004): Bildung und Beratung – Beratungskompetenz als neue Herausforderung für Weiterbildung und außerschulische Jugendbildung? Beiträge zur Beratung in der Erwachsenenbildung und außerschulischen Jugendbildung, Bd. 1. Münster

Schiersmann, C./Engelhard, W. (1992): Regionalbezogene Kooperationsformen einer Weiterbildungsberatungsstelle – Am Beispiel der Beratungsstelle für Weiterbildung Köln. In: Grundlagen der Weiterbildung Zeitschrift (GdWZ), H. 5, S. 254–258

Schiersmann, C./Remmele, H. (2004): Beratungsfelder in der Weiterbildung – Eine empirische Bestandsaufnahme. Grundlagen der Berufs- und Erwachsenenbildung, Bd. 38. Baltmannsweiler

Schultz-Henke, H. (1973): Lehrbuch der analytischen Psychotherapie. 2. Aufl. Stuttgart

Schwarzer, C./Posse, N. (2005): Beratung im Handlungsfeld Schule. In: Pädagogische Rundschau, H. 2, S. 139–151

Thomä, H./Kächele, H. (1986): Lehrbuch der psychoanalytischen Therapie, Bd. 1: Grundlagen. Korr. Nachdruck der 1. Aufl. Berlin u.a.

Tietgens, H. (1991): Ein Blick der Erwachsenenbildung auf die Biographieforschung. In: Hoerning, E. M.: Biographieforschung und Erwachsenenbildung. Bad Heilbrunn, S. 206–223

Weinberger, S. (2004): Klientenzentrierte Gesprächsführung – Eine Lern- und Praxisanleitung für helfende Berufe. 9. Aufl. Weinheim/Basel

Autor

Prof. Dr. Jörg Knoll, Dipl.-Päd., bis 2008 Inhaber des Lehrstuhls für Erwachsenenpädagogik an der Universität Leipzig. Zuvor war er von 1979 bis 1993 Pädagogischer Leiter der Arbeitsgemeinschaft für Evangelische Erwachsenenbildung in Bayern (Tutzing) und davor wissenschaftlicher Assistent an den Universitäten Erlangen und Bamberg. Vor dem Studium der Theologie, Soziologie und Pädagogik absolvierte er eine praktische Ausbildung zum Redakteur an Tageszeitungen und arbeitete eine Zeit lang in diesem Beruf. Arbeitschwerpunkte sind: Didaktik und Methodik der Erwachsenenbildung, Selbstorganisiertes Lernen, Qualitätsentwicklung und Bildungsberatung (letzteres u.a. durch eine bereits 1991 bis 1993 in Trägerschaft der „Arbeitsgemeinschaft für Evangelische Erwachsenenbildung in Bayern/Tutzing" durchgeführte mehrteilige Qualifizierung mit bundesweitem Einzugsbereich).

Die gemeinsame Arbeit mit Sandra Kube M.A. (wissenschaftliche Mitarbeiterin am Lehrstuhl für Erwachsenenpädagogik und verantwortlich für das Forschungsprojekt „Lernen von Lehrerinnen und Lehrern im Beruf") am Abschnitt 5.5 und ihre Mitwirkung am Abschnitt 5.1.1 dieses Perspektive-Praxis-Bandes werden vom Autor dankbar erwähnt, ebenso die Anregungen durch Claudia Ratering M.A. und Juliane Seifert M.A. (beide wissenschaftliche Mitarbeiterinnen am genannten Lehrstuhl im Projekt „Vertiefendes Leitvorhaben im Verbund zur Professionalisierung der regionalen Bildungsberatung in Deutschland: Regionales Qualifizierungszentrum (RQZ) Leipzig" und da als Trainerinnen in der Qualifizierungsmaßnahme „Bildungsberatung und Kompetenzentwicklung" tätig).